The 1st step to marketing design

1
からの
マーケティング・
デザイン

石井淳蔵
廣田章光 （編著）
坂田隆文

発行所：碩学舎
発売元：中央経済社

序　文

❖ マーケティング・デザイン

　「デザイン」には、色や形を創り出す活動の印象が我々にあります。しかし、本書のタイトルである「マーケティング・デザイン」は、デザインを色や形を創造することよりも広く捉えます。「社会や消費の動きや経験を生み出すこと」を「マーケティング・デザイン」という言葉で表現します。社会における新しい動きを創り出す意味で、強い創造志向と未来志向が特徴となります。

　社会の中に新しい動きを創るには、第一に、新たな顧客を発見すること、そして第二に、それらと共に、新たな顧客体験と実現の仕組みと、収益の仕組みを創造することが不可欠です。このような活動を含めて我々は、マーケティング・デザインと呼びたいと思います。

　2000年以降、インターネット、ソーシャルメディアなどが登場し、世界の社会基盤は大きく進化しました。同時に、我が国では超高齢化社会と人口減少社会が現実化し、地域間などの格差の問題も顕在化し始めました。また海外では新興国の経済成長と共に、環境・エネルギー問題はさらに重要度を増しています。社会課題の解決と共に、新たな時代の経済成長の枠組みとしてのマーケティングへの期待もさらに高くなり、同時に多様な対応を迫られています。そのような環境の変化に対応するマーケティングのあり方として、マーケティング3.0（コトラー他）など、次の時代のマーケティング枠組みも提示されています。

❖ 本書の位置づけ

　マーケティングを学ぶ人々に対して、新たな枠組みも提示する必要からこの本は生まれました。デザインという言葉が示すように「創造性」に注目していることが大きな特徴となります。その焦点は「顧客創造」にあります。社会のちょっとした動きを手がかりに、新たな可能性を発見し新たな市場を切り開くことは、マーケティングに与えられた重要な役割の一つであり、まさにこれからの社会に大きく求められています。

i

❖ 序　文

　本書は、既刊の姉妹書である『１からのマーケティング』と同様、マーケティングの世界への入り口として設定したテキストです。本書『１からのマーケティング・デザイン』が、「顧客創造」に焦点を当てているのに対し、姉妹書『１からのマーケティング』は、「顧客満足」に焦点を当てています。マーケティングに最初に触れる人々が、顧客創造に注目するか、顧客満足に注目するかは、特にビジネスの社会で活躍している方々にとっては、それぞれの置かれた状況によって異なるはずです。書店の店頭で手に取り、その時の自分の問題意識に従って、どちらかを選んでもらえば良いと考えます。一方、マーケティングを初めて学ぶ学生の皆さんにとっても、講義をする教員の皆さんが、担当講義の位置づけ、学生の皆さんの関心に応じて、どちらが、マーケティングとの出会いにふさわしいかを決めて頂くことで、よりよいマーケティングとの出会いが生まれると考えます。顧客創造の観点からマーケティングを学び、次に顧客満足の観点からマーケティングを学ぶことがあっても良いし、逆のことがあっても良いはずです。

　『１からのマーケティング・デザイン』と『１からのマーケティング』との違いは、顧客創造と顧客満足のどちらに焦点を当てるかに加えてもう一つ設定しています。『１からのマーケティング・デザイン』では、マーケティング課題の実践的解決に焦点を当てています。一方、『１からのマーケティング』では、基本理論の理解に焦点を当てています。
　そのため、『１からのマーケティング・デザイン』では、現場で直面するマーケティング課題を、具体的にどのように解決すれば良いかの手がかりに至るまで説明を行うようにしています。その背景には、マーケティング実践での活用要求に応えること、そして近年、大学でも広く浸透しつつある、プロジェクト・ベースド・ラーニングでも活用要求に応えることがあります。

　本書は、15回の講義を念頭に構成を想定していますが、はじめてマーケティングを学ぶ社会人の方々、大学のマーケティング入門講義の使用はもとより、マーケティングを学び直したい社会人の方々や、上位学年のマーケティング戦略系講義での使用を想定しています。また、社会連携型講義、プロジェクト型講義において、顧客創造の全体像をつかむと共に、実習時のテキストとして使用して頂くことで、問題発見、課題解決の手がかりを提供できると考えています。

序　文 ❖

❖ 本書の構成

　本書は3部、全15章で構成されます。そしてマーケティング・デザインの内容を理解しやすくするため、あえて従来のマーケティングの基本的な枠組みに沿って説明をしているところに特徴があります。同時に、『1からシリーズ』の特徴である、理解を深めるため各章では必ず各章のテーマに合った事例を用意しています。

　第1部「顧客創造のデザイン」では、本書の核となる第1章において、マーケティングの原点となるマーケティング発想をドラッカーの言葉である「社会における未だ満たされざるニーズ」を手がかりに、顧客創造と顧客満足の違いが説明されます。第2章以降は、マーケティング発想を理解した上で、4Pの概念に沿ってマーケティング・デザインの全体像が説明されます。ネスレ日本のキットカット、ネスカフェアンバサダー、サントリーのプレミアムモルツ、ファーストリテイリングのヒートテックなどの事例を通じてマーケティング・デザインを理解します。

　第2部「関係構築のデザイン」では、第8章においてデジタル環境における関係構築についてプラットフォーム、ネットワークの概念に触れ説明が行われます。第9章以降では、デジタル・マーケティング、ディマンドチェーン、ブランド再構築、営業をテーマに、関係構築に関するマーケティング・デザインを学びます。関係構築のデザインでは、ガンホーのパズドラ、カルビーのポテトチップス、マンダムのギャツビー、カゴメの瀬戸内レモンなどが紹介されます。

　第3部「競争・共生のデザイン」では、競争、共生そして顧客との共創を通じたマーケティング・デザインについて学びます。競争・共生のデザインでは、花王のヘルシア緑茶、トヨタのプリウスの事例などが紹介されます。

　第15章では、コトラーらが提唱したマーケティング3.0の概念をマーケティングの発展を確認しながら説明されます。デジタル時代の企業と顧客、顧客と顧客との関係の中で求められるマーケティング・デザインのあり方が示されます。

❖ 本書の活用

　本書では、各章で学んだマーケティング・デザインの要素をさらに深く学ぶための3つの仕組みを用意しています。第1にコラム、第2に、章別に用意された「設問」、第3に、「次に読んで欲しい本」です。

　コラムでは、各章を理解する上で必要な基礎理論、各章と社会動向を理解するトピック、その分野に関する日本の代表的な経営者、マーケターを紹介しています。

iii

❖ 序　　文

　特に、創造性溢れる経営者、マーケターに触れることで、その章への関心を高め、実践的な理解を促進することを期待しています。コラムによって提供された情報を手がかりに、関連文献を調査する、調査内容をもとにグループ討議を行うなどの活用も可能です。

　設問は、①調べる、②調べた内容から気づきを得る、③本章で学んだことを使って考える、④本章で学んだことが応用できる分野（あるいはできない分野）を考える、⑤自分の生活に適用できる分野を考える、⑥具体的提案を考える（理論の限界（課題）を使って、事例企業に対する対抗手段を考えるなど）といった観点から、各章の理解を促進するための設問が３つ用意されています。これらの設問は、内容の理解を深めると共に、実践活用することへの橋渡しの役割を果たします。企業や大学で各章のテーマを議論する実習教材としても使うことも可能です。

　「次に読んで欲しい本」としては、さらにその分野の内容をさらに深く理解するため、その背景にある理論を知るための書籍を紹介しています。比較的容易に入手できる書籍を挙げるよう心がけました。

　「設問」、「次に読んで欲しい本」、そして本書の「参考文献」は、碩学舎のウェブサイトに掲載しています。ぜひご利用ください。
　以下の、URLあるいはQRコードからご覧頂けます。

http://www.sekigakusha.com/md/lecture.html

　章別での確認もできます。各章の章末に設けた、URLあるいはQRコードからアクセスください。

執筆者を代表して
石井淳蔵、廣田章光、坂田隆文

CONTENTS

序　文　i

第1部　顧客創造のデザイン

第1章　マーケティング発想法 ————————————3
—ニューコークとタイド

1　はじめに……………………………………………………4

2　顧客創造：「こんな商品がほしかった！」…………………4
　　顧客満足と顧客創造・5

3　消費者のニーズとウォンツ………………………………6

4　製品の性能でなく価値で考える…………………………10
　　ニューコークの失敗・11
　　P&Gタイドの「コールドウォーター・チャレンジ」キャンペーン・13

5　おわりに：マーケティング・デザイン…………………14
　　コラム1-1　マーケティング実践における創造性を説く、ピーター・ドラッ
　　　　　　　カーとセオドア・レビット・7
　　コラム1-2　創造的適応とロボット的適応・9

第2章　マーケティング・ミックスによる顧客創造 ————17
—ネスレ日本　キットカット

1　はじめに……………………………………………………18

2　「キットカット」とマーケティング・ミックス………………19
　　日常的なおやつとしての「キットカット」・20
　　「キットカット」を取り巻く課題・20

1

❖目　　次

　　　顧客満足から顧客創造へ・22

　　　応援する媒体としてのポジションの創造・23

　3　マーケティング・ミックスによる顧客創造⋯⋯⋯⋯⋯⋯⋯⋯25

　　製品（product）・25

　　価格（price）・27

　　流通（place）・28

　　プロモーション（promotion）・28

　　マーケティング・ミックスのデザインによる顧客創造・29

　4　おわりに⋯⋯⋯⋯⋯⋯⋯⋯⋯⋯⋯⋯⋯⋯⋯⋯⋯⋯⋯⋯⋯⋯29

　　コラム2-1　高岡浩三氏：

　　　　　　　ネスレ日本㈱代表取締役社長兼CEO・19

　　コラム2-2　STP（セグメンテーション（S）、ターゲティング（T）、ポジ

　　　　　　　ショニング（P））・27

第3章　製品による顧客創造
―カモ井加工紙株式会社　マスキングテープ「mt」————31

　1　はじめに⋯⋯⋯⋯⋯⋯⋯⋯⋯⋯⋯⋯⋯⋯⋯⋯⋯⋯⋯⋯⋯⋯32

　2　カモ井加工紙「mt」の製品開発⋯⋯⋯⋯⋯⋯⋯⋯⋯⋯⋯⋯⋯32

　　マスキングテープ市場とカモ井加工紙の課題・32

　　ターゲット以外の新たなユーザーとの出会い・33

　　新ブランド「mt」の開発と発売・34

　　多様なパートナーとのさらなる顧客創造・35

　3　製品による顧客創造⋯⋯⋯⋯⋯⋯⋯⋯⋯⋯⋯⋯⋯⋯⋯⋯⋯⋯38

　　ユーザーが使用してはじめて製品の価値が生まれる・38

　　価値共創のパートナーとしてのユーザー・39

　　新たな価値の実現にともなう組織プロセスの変更・39

　　ユーザー知識の活用による組織能力の構築・41

　4　おわりに⋯⋯⋯⋯⋯⋯⋯⋯⋯⋯⋯⋯⋯⋯⋯⋯⋯⋯⋯⋯⋯⋯42

　　コラム3-1　製品ライフサイクル成熟期におけるリポジショニング・37

　　コラム3-2　ユーザーイノベーション・40

目　次 ❖

第4章　価格による顧客創造 ————————43
—サントリー　ザ・プレミアムモルツ

1　はじめに…………………………………………44

2　ザ・プレミアムモルツの価格マネジメント……………44

ビールの市場状況・44

プレミアムモルツの発売・45

「ハレの日のビール」・46

「小さなハレの日」による小さな贅沢・47

3　価格戦略による顧客創造………………………51

価格の3つの意味・51

価格に影響するもの・52

価格設定：プレミアム戦略と低価格戦略・53

価格の維持：取引企業との関係のマネジメント・54

4　おわりに…………………………………………56

コラム4-1　店頭での価格設定：2つの価格設定・50

コラム4-2　価格の設定方法・54

第5章　チャネルによる顧客創造 ————————57
—ネスレ日本　ネスカフェ アンバサダー

1　はじめに…………………………………………58

**2　ネスレ日本「ネスカフェ バリスタ」と
「ネスカフェ アンバサダー」**………………………59

コーヒーを取り巻く問題・59

職場市場・60

コーヒー製品の流通・61

アンバサダーの成果と広がり・61

3　チャネルの構築…………………………………65

新たなチャネルの構築・65

顧客の問題解決・66

顧客創造と市場展開の仕組みづくり・66

3

❖ 目　　次

4　チャネル管理···67

持続的に価値提供する仕組み・67

アンバサダーとチャネル管理・68

5　おわりに···69

コラム5-1　チャネルのコンフリクト発生要因とその解決・63

コラム5-2　オムニチャネル・68

第6章　コミュニケーションにおける顧客創造
―ファーストリテイリング　ヒートテック ————71

1　はじめに···72

2　ヒートテックのコミュニケーション·····················72

保温性肌着・72

インナーファッション・73

訴求点の差別化・74

消費者とのコミュニケーション・74

3　コミュニケーション段階におけるメディアデザイン············76

製品の認知・理解の段階・78

態度の段階・78

購買意図の段階・79

新たな媒体の登場・80

4　おわりに···82

コラム6-1　広告のコミュニケーション効果・77

コラム6-2　柳井正氏

　　　　　　株式会社ファーストリテイリング代表取締役会長兼社長・81

第7章　顧客理解
―ライオン株式会社「Ban 汗ブロックロールオン」————83

1　はじめに···84

**2　ライオン株式会社「Ban 汗ブロックロールオン」の
マーケティングリサーチ**···84

4

目　次 ❖

「ワキ汗ジミを気にせず過ごせる制汗剤」
Ban 汗ブロックロールオン誕生の背景・84
消費者ニーズを探るためのインタビュー調査とアンケート調査・85
コンセプト開発から発売までの調査・86
「Ban 汗ブロックロールオン」による顧客創造と市場拡大・88

3　マーケティングリサーチのデザイン··89
4　おわりに··97
コラム7-1　アンケート作成時の注意点・93
コラム7-2　マーケティングリサーチを仕事にするには？・95

第2部　関係構築のデザイン

第8章　関係構築
　　　　—ガンホー・オンライン・エンターテイメント　パズドラ—101

1　はじめに···102
2　無料のビジネス··103
パズドラの台頭・103
パッケージソフトからオンラインソフトへ・104
ヒット後・105
3　関係性のデザイン···106
関係性パラダイムの台頭・106
消費財での関係性パラダイム・108
プラットフォームの形成・110
4　おわりに···112
コラム8-1　演劇消費・109
コラム8-2　フリーミアム・111

5

❖ 目　次

第9章　デジタル・マーケティング
―ハウス「ウコンの力」 ………113

1　はじめに………114
2　「ウコンの力」のデジタル・マーケティング………114
ハウス食品株式会社・114

顧客創造に向けたマーケティング活動・115

「行動動線」に添った接点構築・116

スマートフォンの普及とデジタル・マーケティングの展開・118

3　デジタル・マーケティングの展開………121
デジタルの特性：直接と双方向・122

「ピンポイント」による関係形成・123

「対話」による関係形成・125

「協働」による関係形成・125

4　おわりに………126
コラム9-1　ロングテール・121

コラム9-2　シェアリング・エコノミー・124

第10章　ディマンドチェーン
―カルビー　ポテトチップス ………127

1　はじめに………128
2　カルビー「ポテトチップス」と在庫管理………128
「ポテトチップス」の誕生と製品を取り巻く課題・128

「ポテトチップス」の魅力を高めた鮮度管理・129

鮮度管理の仕組みから生まれた新たな課題・131

鮮度を維持しながら収益性を高める仕組みの構築・132

3　在庫の役割とその功罪………134
在庫の役割・134

在庫の功罪・135

4　在庫管理のデザイン………135
延期的な在庫管理・136

投機的な在庫管理・137

5　おわりに……………………………………………………………139

　コラム1　投機的な在庫管理と製造原価率・133

　コラム2　ファストファッションを支える延期的な在庫管理・138

第11章　ブランド構築
—マンダム　ギャツビー ——————————————141

1　はじめに…………………………………………………………142

2　「ギャツビー」ブランドのデザイン戦略……………………142

　男性化粧品市場の開拓・142

　ギャツビーブランドの構築・144

　ロングセラーブランドを支える仕組み・146

3　ブランドの構築・維持・強化……………………………148

　目に見えない資産としてのブランド・148

　ブランドを活性化させるための戦略・150

　インターナルブランディング・151

4　おわりに…………………………………………………………152

　コラム11-1　ブランド経験・146

　コラム11-2　デービッド A. アーカー・149

第12章　営業活動
—カゴメ　瀬戸内レモン ——————————————153

1　はじめに…………………………………………………………154

2　瀬戸内レモン協定とカゴメの営業活動…………………154

　東日本大震災とカゴメ・154

　「瀬戸内レモン」の開発・155

　「瀬戸内レモン」の販売・158

3　営業活動をデザインする……………………………………160

　営業と販売・160

　営業と「つなぐ力」・162

7

◆ 目　次

4　おわりに……………………………………………………………163
　　コラム12-1　宮地雅典氏　カゴメ株式会社執行役員大阪支店長　・161
　　コラム12-2　キーパーソン分析・163

第3部　競争、共生のデザイン

第13章　マーケティングの戦略展開
―花王　ヘルシア緑茶 _____167

1　はじめに……………………………………………………………168
2　戦略とは……………………………………………………………169
　　目標設定・169
　　自社資源の活用・170
　　環境分析・171
　　計画策定・172
　　戦略立案における2つの側面・172
3　マーケティングにおける戦略の進化……………………………175
　　マーケティング・マネジメント戦略・176
　　戦略的マーケティング・177
4　おわりに……………………………………………………………179
　　コラム13-1　佐川幸三郎と商品開発5原則・173
　　コラム13-2　SWOT分析・174

第14章　社会共生
―トヨタ　プリウス _____181

1　はじめに……………………………………………………………182
2　新しい常識を創り出すプリウス…………………………………182
　　21世紀の社会の車を考える・182
　　プリウスの市場導入・186

8

ハイブリッドカー普及の実現・187

3　社会共生のマーケティング……………………………………190

企業の公共性・190

社会的課題に取り組む意義・191

社会共生の実現・192

4　おわりに……………………………………………………………194

コラム14-1　内山田竹志氏から社会共生の視点を学ぶ・185

コラム14-2　CSR（企業の社会的責任）からCSV（共通価値の創造）へ・193

第15章　マーケティング3.0
―P&G
197

1　はじめに……………………………………………………………198

2　P&Gのマーケティングの歩み……………………………………198

マーケティングの登場・198

マーケティングの進化・199

3　マーケティングの基本的構図……………………………………201

マーケティングの必要性・201

マーケティングの基本的構図・201

4　マーケティングの発展……………………………………………203

マーケティング領域の拡大・204

マーケティング3.0・205

5　おわりに……………………………………………………………207

コラム15-1　マーケティングの定義の変遷・206

コラム15-2　マーケティングと学問分野・208

索　引…………………………………………………………………211

○下記のQRコードで、各章末の「考えてみよう」「次に読んで欲しい本」「参考文献」を読むことができます。

第1章	第2章	第3章

第4章	第5章	第6章

第7章	第8章	第9章

第10章	第11章	第12章

第13章	第14章	第15章

第 1 部

顧客創造のデザイン

第1章

マーケティング発想法
—ニューコークとタイド

1 はじめに
2 顧客創造:「こんな商品がほしかった!」
3 消費者のニーズとウォンツ
4 製品の性能でなく価値で考える
5 終わりに:マーケティング・デザイン

❖ 第1部　顧客創造のデザイン

1　はじめに

　マーケティング発想とはなにか。それがなぜ、企業の経営にとって大事なのか、それを明らかにするのが第1章の課題である。

　そのことを最初に指摘したのは、ピーター・ドラッカーである。彼は、経営学という分野を切り開く先駆的業績を収めた人として有名だが、同時に他の誰よりも企業におけるマーケティング発想の大事さを指摘した人でもある。彼が、どうしてそのようなことを主張したのか、まずはそれを探ろう。

2　顧客創造：「こんな商品がほしかった！」

　ドラッカーは、マーケティングを次のように考えている。

1．組織経営の課題は「顧客の創造」にある。
2．顧客創造は、社会において「未だ満たされざるニーズ」を満たすことで達成される。
3．顧客創造によって、組織は成長する。同時に、社会も新しいニーズが生まれ、満たされることで発展する。それにより、社会の生活が改良し、それにかかわって働く人も増える。
4．顧客創造を目指す組織において、主としてその役目を担うのはマーケティング担当者（以下では、マーケターと呼ぶ）だ。マーケターは、企業が成長するための司令塔の役割を果たす。むろん、企業にはマーケティング以外にいろいろの機能（生産、技術開発、会計、人事等）があるが、それらの機能はすべてマーケティングを補完する機能と見なされる。

　これがドラッカーの「マーケティングの定義」だが、顧客創造の大事さとその活動の責任を担うマーケティングの役割とが指摘されている。

　その主張はわかっても、そもそも顧客創造がどうして重要なのか、読者の皆さんにはわかりにくいかもしれない。むしろ、「組織の目的は、組織の顧客を満足させることにある」と言われたほうが納得できるだろう。企業なら商品を購入してくれ

第 1 章　マーケティング発想法 ❖

第1章

る顧客を、病院なら通ってくる患者を、ホテルならそこの宿泊客を、レストランなら贔屓の客を、行政体ならその地域の住民を、満足させることがなにより大事に思える。それにもかかわらず、ドラッカーは、どうして、顧客満足ではなく、顧客創造だと言うのだろうか。

❖ 顧客満足と顧客創造

　カギは、「社会において、未だ満たされざるニーズを満たすこと」という先の文言にある。

　ところで、皆さんには、「そうそう、こんな商品が欲しかった！」と言って新商品を購入した経験はないだろうか。そういう経験をした瞬間とは、皆さんにとってそれまで満たされなかったニーズが満たされた瞬間だ。そしてその瞬間に、皆さんは、その商品の虜となる、つまりその商品の顧客として創造されたことになる。

　では具体的に、顧客を創造した商品には、どんな商品があるだろうか。私たちの周りは、そうした商品で溢れている。

　私で言うと、最近だと、iPhoneがそうだし、消せるボールペンもそうだ。両方とも、私にはなくてはならない道具になっている。今読んでいる『ナンバー』というスポーツ誌も。今朝ウォーキングに使ったウォーキングシューズも。昨日、セブン-イレブンで買った100円コーヒーも。あるいは、この冬買った薄着でも暖かい下着や靴底カイロも、最近生まれた商品で、私はそれら商品の顧客として創造された。古くは、テレビやウォークマン、パソコンやコピー機やプリンターも、新商品として生まれ、私は顧客として創造されたのだ。

　挙げていけばキリがない。「そうそう、こんな商品が欲しかった！」と思った商品群で私たちの身の回りは溢れている。それぞれの商品が誕生して、私たちはその顧客として創造されたのだが、同時にそのことで、私たちがその瞬間から買わなくなった商品がある。

　こうした商品の入れ替わりを、企業の立場から見るとどうなるか。そう。新商品を作り顧客を創造した企業と同時に、市場から退出することを余儀なくされた企業があるということだ。たとえば、皆さんが今手にもっているスマホによって、市場から追い出された（あるいは追い出されそうな）商品が、どれだけあるか考えてみたらわかる。

　ライバルにあたる「ガラケイ」タイプの携帯電話はその筆頭だ。それ以外にも、

5

❖ 第1部　顧客創造のデザイン

デジタルカメラ、ゲーム機（とゲーム機のソフト）、腕時計、歩数計、電卓、iPod
を始めとする携帯用音楽機器、カバンに入っていた辞書や事典のたぐいもそうだ。
スマホが出たのは、6年ほど前の話だが、その間、これだけの商品の市場が消えて
しまいそうなのだ。

　企業は、じっとしていては市場から追い出されてしまう。そうならないために、
絶えず顧客創造を図らないといけない。そのためには、新しい商品を好む消費者の
声に耳を傾けないといけない。だがしかし、実は耳を傾けるだけでは難しい。とい
うのは、消費者が欲しいと口に出して言うような商品は、今市場にある商品の不満
点を言っているだけということになりやすいからだ。

　顧客の不満を聞いてそれに対応することはもちろん大事だ。不満を解消すること、
それは、顧客満足の手法だ。多くの会社は、顧客満足に取り組んでいるが、それだ
けでは不十分だ。今の顧客を満足させる努力だけだと、市場から追い出されてしま
う。一所懸命、携帯電話の改良に努めてきたパナソニックやシャープやソニーの現
状を見るとわかる。

　そうならないためには、企業は消費者自身が気づいていない欲しいものを探り出
さないといけない。「そうそう、こんな商品が欲しかったの」と消費者に言っても
らえるような商品を提案しないといけない。言い換えると、顧客満足だけを目指し
ていると、時代遅れになる危険があるのだ。そのことをわかりやすく教えてくれる
のは、セオドア・レビットである。

3 消費者のニーズとウォンツ

　「そうそう、こんな商品が欲しかった！」と言われる商品を生み出すことが、企
業の目的であり課題だとドラッカーは述べた。企業においてその責任を担うのは、
マーケターと呼ばれる人々である。マーケターは、企業におけるマーケティング活
動全体を統括する人である。上に出てきた商品群で言うと、iPhone事業の責任者、
スポーツ誌『ナンバー』の編集長、カゴメの野菜ジュースのブランドマネジャー、
セブンプレミアムの担当責任者はすべて、ここで言うマーケターだ。

　マーケターの仕事は、顧客の欲しいものを知るところから始まる。それも、消費
者の表面的な欲しいものの奥にある欲しいものを探らないといけない。ここでは、
表面的なそれをウォンツと呼び、奥に隠れたそれをニーズと呼ぶことにしよう。

第1章　マーケティング発想法

コラム1－1

第1章

マーケティング実践における創造性を説く、
ピーター・ドラッカーとセオドア・レビット

　ピーター・ドラッカー（1909-2005）は、市場は自然に出来上がるものではなく、私たちの創意工夫が生み出すものであることを強調する。教授の代表作の1つである『現代の経営』の中で次のように述べる。

　　「市場は、神や自然や経済によって創造されるのではなく、企業によって創造される。会社が満たす欲求は、それを充足する手段が提供される前から顧客が感じていたものかもしれない。…。しかしそのような欲求は、単に想定されるものであって現実の欲求ではない。実際には、企業の行為が人の欲求を有効需要に変えたとき、初めて顧客が生まれ市場が生まれる。」

　　　　　　　　　　　　　（ドラッカー、現代の経営、1954年、46頁）

「寒いので身にまとうモノが欲しい」という欲求に、ヒートテックの技術で応えた事実を思い出そう。ユニクロは「寒いので身にまとうものが欲しい」という人のニーズを、有効需要に変え、ヒートテック肌着の市場が生まれたのだ。

　市場は会社によって創られるという当たり前の事実を、私たちはつい忘れる。すでにある製品を見て、昔からある自然の存在と見てしまう。ドラッカーが、マーケティングと共にイノベーションを強調する理由は、この点にある。

　セオドア・レビット（1925-2006）は、ハーバード・ビジネススクールでマーケティング研究の草創期から活躍した。本文で紹介した「マーケティング近視眼」（1960年）の論文は、伝統あるHBS（*Harvard Business Review*）の中でも、今でも読み継がれベストセラー論文の1つだ。他に、「サービスの工業化」や「地球市場は同質化に向かう」の論文も名高い。日本語に訳された『マーケティング発想法』や『マーケティングの革新』の本は、マーケターにとって知恵の宝庫である。

　2人は共に、顧客の声の奥に隠れた顧客の思いと、それに応えるマーケターの創意工夫を重視する。そして、なにより実践が大事と考える。皆さんも、本書の具体的なケースあるいは「考えてみよう」の設問に対して、「自分ならどうするか」という自分なりのマーケティング実践を念頭に置いて考えてほしい。

　このニーズとウォンツの違いを知ることが肝心だ。セオドア・レビットはそのことを強調する。彼は、次のような4分の1インチのドリルの例をあげて説明する。

❖ 第1部　顧客創造のデザイン

【写真1－1　4分の1インチのドリル】

出所：アマナイメージズ

　4分の1インチのドリルが消費者に人気があって、よく売れている。そのとき、レビットは問う。「それを買った消費者が欲しかったものはなにか？」と。
　そのドリルが欲しかったから、そのドリルを買った？
　はたしてそうか。そうではなく、そのドリルを買った消費者が欲しいのは、そのドリルが開ける「4分の1インチの穴」ではないのか。ドリル自体は、その穴さえ開けば、置き場所にも困る邪魔な存在だ。
　だが、多くの経営者は、「消費者が買ったのがこのドリルだから、消費者が欲しいのはこのドリルだ」と思い込む。そう思い込むと、そのドリルの性能改善に努める。他メーカーに比べて、硬くて摩耗しない切削金属と耐久性があって長持ちするモーターを用い、持ち手のところは最軽量の材料を使った「革新的なドリル」を開発するかもしれない。さらにまた、そのドリルの価格を下げるべく工場の効率化に努め、最新鋭の無人工場を作って原価を下げようとするかもしれない。あるいは、消費者が買いやすくするために新しい販路を開拓して、DIYだけでなくコンビニエンス・ストアにもそのドリルを並べようとするかもしれない。いずれの試みも、このドリルの顧客の満足度を高めるだろう。
　4分の1インチ「ドリル」を売るには、顧客満足は重要だ。しかし、それは、消費者のウォンツの奥にある「ニーズ」には叶ってはいない。繰り返せば、消費者は4分の1インチの穴が欲しいのだ。
　消費者が本当に欲しいのは4分の1インチの穴なのに、マーケターは、それを誤解して「欲しいのはドリルだ」と思い込む。そのことをレビットは「マーケティング近視眼」と呼んだ。

第1章　マーケティング発想法 ❖

コラム1－2

第1章

創造的適応とロボット的適応

　ウォンツは顧客の直接声に出るような要望、ニーズはウォークマンの背後にある深い思いと考えよう。それに応じて、ウォンツへの適応（ロボット的適応）とニーズへの適応（創造的適応）の2つの適応スタイルに分かれる。創造的適応というと、いかにも難しそうだが、私たちは日常そうしている。

　たとえば、お母さんが風邪で寝込んだ状況を考えよう。お母さんが咳き込みながら、「風邪薬、買ってきてくれる？」とあなたに言ったとする。あなたは、どうするか。薬を買ってきて、「はい、薬」って渡すだろうか。これだと、言われたことだけやるロボット的適応だ。

　だが、あなたはそうはしない。お母さんに言われた時、声をかける。「咳、ひどいね。お医者さん行ったほうがいいんじゃない？」とか、「咳が出るね。背中さすろうか」とか…。

　それに対して、お母さんはどうするか。お医者さんに行きたかったのだが、あなたが忙しそうな様子を見て、薬で我慢しようと思った。そうなら、「お医者さんに行ったほうが…」というあなたの言葉に、「そう。じゃあ、お医者さんに連れて行ってくれる？」と答えるだろう。

　あるいは、風邪をひいたお母さんに声もかけないあなたに、ちょっとおかんむり。で、話のきっかけに「薬、買ってきて」と言ったのかもしれない。その時、「背中でもさすろうか」と答えたあなたに、それだけでもう満足。「学校の帰りにでもお願い」と答えるかも。

　いずれの場合も、あなたが「薬を買いに行く」という当初予想された現実とは違った現実が生まれる。ひと声かけ対話が生まれて、互いに思いもよらぬ現実が生まれる。

　お母さんの言葉の奥にある思いに応えながら、より望ましい現実を求める。これが、創造的適応だ。同じ状況であっても、人が違えばまた違った現実が生まれる、これが、ロボット的適応と異なる創造的たるゆえんだ。

　マーケターなら、創造的適応を試みたい。ロボット的適応では、消費者から「そうそう、これが欲しかったの」という言葉を聞くことはできないからだ。

　消費者は欲しいものを近視眼的に見てしまうことで、マーケターは大きいしっぺ返しを受けることがある。ドリル以外の、つまり、モーターと切削金属を使わない画期的な技術（たとえば、レーザー技術）が世に出れば、このドリルは一気に市場

9

❖ 第1部　顧客創造のデザイン

を失ってしまう。技術代替のリスクだ。

　そうした技術代替のせいで市場を失った製品は数知れない。先ほど話した、スマホが出現したことで、消えていきそうな商品を思い浮かべればよい。あるいは、古い話だが、レコード制作会社やレコード針生産会社は、テープやCDやMDなどのオーディオ技術革新により滅んだ。練炭火鉢や炭火の火鉢の会社がエアコン普及により消えたし、算盤は電卓が生まれて消えた。いくら算盤利用者のウォンツを聞いて算盤改良に努めても、電卓が出てくると一気にその市場はなくなってしまう！

　「自分がやっている事業は、何をやる事業か」を考えて、それをはっきりさせることを、ここでは「事業を定義する」と言うことにする。難しい話ではなく、「あなたの会社は、どんな事業をしているのか」と尋ねられたときの答えが事業の定義になる。ふつうは、自分が対応している製品と市場で答える。たとえば、化粧品メーカーだと、「私の会社（事業）は、若い女性に向けて、化粧品を売っています」という風に。

　で、ドリルメーカーの話に戻る。この「事業の定義」という話で言うと、このドリルメーカーは、自分の会社を、「ドリルを作って売る会社」と定義してはまずいということだ。理由ははっきりしている。その定義では、消費者のニーズには対応していないからだ。

　「消費者は、その製品を使って何をしたいと考えているのか」。これがドリルを買った消費者の奥にあるニーズに関わる問いになる。そして、そのニーズに基づいて事業を定義することが望ましい。これが、上の話から得られる教訓だ。

　つまり、事業の目標を、製品あるいは手段ではなく、その製品を用いる目的やその製品の果たす機能で考えるべきなのである。「消費者は4分の1インチのドリルが欲しいのではなく、4分の1インチの穴が欲しいのだ」といった具合である。

4　製品の性能でなく価値で考える

　ドラッカーの話もレビットの話も、商品の性能で考えるのではなく、その価値で考える必要があるというのがポイントだ。同じことだが、「企業目線の『性能』ではなく、顧客目線の『価値』で考えよう」ということになる。しかし、言うは易く行うは難し、だ。企業は、マーケティング近視眼に陥りやすく、つい価値でなく性能で考えてしまうのだ。

10

第1章　マーケティング発想法

第1章

　世界で活躍する大手企業は、性能で考えてしまうそのことを戒めるかのように、自社の事業を顧客の価値（機能・目的）で定義する。たとえば、IBMは昔から、"IBM means service" と言っている。つまり、「IBMは、コンピュータ機械を売る会社ではなく、それが果たすサービスを売る会社だ」というのだ。同じように、ゼロックスは、「コピー機械を売るのではなく、コピーサービスを売る」と言い続ける。スターバックスは、自身の事業を、「満足を味わうひととき（Rewarding Everyday Moments)」の提供と言う。「美味しいコーヒーを提供します」とは言わない（ベトベリ『なぜみんなスターバックスへ行きたがるのか？』講談社）。いずれの会社も、お客さんのニーズが大事だと考え、商品自体ではなく、その商品が果たす機能で定義する。

　その大事さを説くだけではもう一つ具体的ではないので、具体的に価値を見損なって失敗したケースと、価値を追求して新市場を切り開いたケースを見てみよう。

❖ 「ニューコーク」の失敗

　コカ・コーラの歴史は130年を超える。その歴史のなかで、同社は他の何物にも代えがたい、かけがえのない価値を創りだした。そのことは、1985年にそれまでの「コカ・コーラ」に代わって「ニューコーク」を導入したとき、アメリカのコークファンの不満が爆発したのだが、その事件から了解できる（石井淳蔵『ブランド：価値の創造』岩波新書）。そのあたりの事情を見てみよう。

　従来のコカ・コーラに代わるべく新たに開発された「ニューコーク」においては、慎重で大規模な消費者味覚テストが行われた。19万人もの調査対象者が飲み比べをして、61％の人が「ニューコークのほうがおいしい」と答えた。その結果を受け、同社の経営陣は、自信満々そのニューコークを市場導入した。しかし、思惑は大きく外れる。その様子はつぎのように述べられている。

　（3月の発売後―筆者）1週間もたたないうちに、毎日1,000本を超える電話が無料消費者ホットラインに殺到し、その大半がニューコークへのショックをぶちまけるものであった。マスコミは、アメリカ人の心臓を突き刺したこの最新のニュースに群がった。「来週には、怒り狂った消費者がテディ・ルーズベルトの顔をラシュモア山の彫刻から削り取っているだろう」と「ワ

11

❖ 第1部　顧客創造のデザイン

シントン・ポスト」のコラムニストは揶揄した。「デトロイト・フリープレス」
は、ゴイエスタ（当時のコカ・コーラ社会長─筆者）の（「ニューコーク」に
たいする）「もっとなめらかで、まろやかで、大胆な味」という言葉をからかって「だとすれば従来のコークはごつごつして、角ばっていて、おどおどした味だったのか」と書いた。「シカゴ・トリビューン」のコラムニスト、ボブ・グリーンは、幼なじみの友達が「亡くなった」のを嘆いた。「私は生涯ずっとコークと一緒だった」とグリーンは書き、コカ・コーラ社の「今はニューコークが気に入らなくとも、そのうち好きになるさという独善的な態度」を非難した。「ニューズウィーク」は、「コーク、成功をいじる」という見出しを打ち、「従来のコークは缶に入ったアメリカの国民性そのものだった」と惜しんだ。（中略）。

　５月の半ばになると、一日に5,000本の抗議電話が、消費者ホットラインを担当する気の毒な社員の耳に非難の言葉を浴びせるようになっていた。（中略）６月初めになると、一日8,000本の電話が殺到し、マスコミはまだこの話題でもちきりだった。（中略）電話に加え、コカ・コーラ社には四万通を超える抗議の手紙が舞いこんだ。

　　　（マーク・ペンダグラスト『コカ・コーラ帝国の興亡』徳間書店、402頁）

「オールド・コーラの愛飲者協会」が設立され、コークの味を元に戻すよう求める集団訴訟も起こった。不思議な話ではないか。コカ・コーラ社は、コカ・コーラの顧客のためを考えてより美味しい味のコカ・コーラに仕立てあげたのに、アメリカの国民はそれがイヤだと言ったのだ。

　旧「コカ・コーラ」にたいするこの愛着は、何にたいする愛着なのか。「味」ではない。導入前の市場テストでは、多くの人が新「コカ・コーラ」のほうがおいしいと答えていたのだから。ニューコーク事件を詳しく紹介するマーク・ペンダグラストは、アメリカ人が大規模なデモ隊を編成してまで従来の「コカ・コーラ」の再発売を要望した背後には、「コカ・コーラ」への深い思いがあったと次のように述べている。

　　　人々は人生のあらゆる場面（初めてのデートとか、勝利や敗北の瞬間とか、楽しいグループのお祝いとか、物思いに沈む孤独とか）に結び付いた、この

第1章 マーケティング発想法 ❖

> アメリカを象徴する飲料を敬っていたのである （同書、413頁）。

第1章

　コカ・コーラに対して、アメリカ人はある特別な深い愛着をもっていた。彼らは、そのことにコカ・コーラがなくなるとわかって初めて気づいたのだ。

　この事件で印象的な点は、コカ・コーラ社のようなマーケティングの達人のような企業でも、顧客の気持ちを見損なうことがあるということだ。顧客が感じている「価値」を見損ない、より美味しいものを出せばよいと、「性能（美味しさ）」に走ってしまった。

　それに対して、アメリカの多くの消費者は、「それがなくなれば自分の生活や歴史や人生の意味さえも失われる」、「コカ・コーラ社が用意した『ニューコーク』は、味では『コーク』上回ったとしても、『コーク』の代わりにはならない」と、コカ・コーラの持つかけがえのない価値に強くこだわったのだ。

❖ P&Gタイドの「コールドウォーター・チャレンジ」キャンペーン

　P&G社のタイドという洗剤は、冷水でも洗濯できることが売り物だ。アメリカの家庭では、温水で洗濯する。温水のほうが汚れが落ちやすいこともあるが、そもそも家では温水が洗濯機に注ぎ込まれる構造になっているので、温水で洗濯するのが習慣になっている。冷水を使えば光熱費は下がることはアメリカの消費者も知ってはいるだろうが、温水で洗濯するのが常識なのでわざわざ冷水を使おうとはしない。そうしたアメリカ人の生活の常識の中に、冷水対応の洗剤、タイドを導入するのは簡単ではなかった。

　P&G社は、そのためいろいろな市場導入努力を行うことになる。そのうちの一つが「タイド・コールドウォーター・チャレンジ」のキャンペーンだった（明神実枝「企業の社会的責任」（『1 からのマーケティング（第3版）』15章）。P&Gは、そのキャンペーンを実施する。

　2005年、P&Gは、エネルギー消費の抑制を目的とする国際的な環境保護団体「Alliance to Save Energy（以下では、ASE）と組んで、キャンペーンをスタートさせた。ASEには、経済界、環境保護団体、消費者団体のリーダーが加入していた。消費者に効率的なエネルギーの使用法を教えたり、光熱費抑制のためのキャンペーンを実施したりして、社会全体のエネルギー消費を抑制し環境保護に貢献することを目的とする団体である。

13

❖ 第1部　顧客創造のデザイン

　冷水洗濯は、この団体の目的とも一致する。冷水洗濯に切り替えると、年間の光熱費63ドル、熱量692kwhを節約できる（1週間に7回、140Ｆ（60℃）の温水洗濯との比較）。そして、P&GとASEは共同で全米の消費者に冷水洗濯への切替えを促す活動を始めた。それが、コールドウォーター・チャレンジ（Tide Cold Water Challenge）のキャンペーンだ。

　Webサイトが立ち上げられた。消費者はこのWebサイトに登録した消費者は、無料サンプルを得て冷水洗濯を試すだけでなく、さらに仲間を紹介しネットワークを広げることを通じてエネルギー節約の運動にも関与することになる。

　P&Gは、このサイトへの登録者が100万人を突破すれば、100万ドルを「National Fuel Funds Network（NFFN）に寄付することにした。NFFNは、低所得家庭に対して光熱費の支援を行う団体である。その団体は、P&Gからの寄付金を各地域に割り振った。低所得家庭の光熱費支援に使われることになる。消費者は、タイド・コールドウォーターを洗濯に使うことを通じて、エネルギー節約運動に参加し、光熱費を支払えない家庭への支援にも貢献できるのだ。そして、100万人登録は、開始から3か月後に達成された。

　キャンペーン自体、たいへん興味深いものだ。だが、ここで注目したいのは、消費者も気づきにくかったタイドの価値を、P&Gはうまく発見したことだ。冷水で洗濯できるのはタイドの性能である。その性能をいくらアピールしても、温水洗濯を習慣とするアメリカの消費者の心には響きそうもない。それに対してP&Gは、タイドのもつ性能がエネルギー節約や環境保護に貢献するという価値に結びつけた。その価値を訴求することで、アメリカ消費者の習慣という高い壁を突破していったのだ。

5　おわりに：マーケティング・デザイン

　最後に、本書で出てきた概念と本書の題名のマーケティング・デザインの意味について整理して述べておこう。

　本章の最初に述べたように、マーケティング発想は会社が成長する上で一番大事な発想である。そこから、消費者のニーズとウォンツ、そして製品の性能と価値の区別することの大事さを指摘した。あらためて本章のポイントとなる概念を解説しておこう。

14

第1章　マーケティング発想法

① 「顧客創造」が企業の目的であり、その役目を担うのは唯一マーケティングである。
② 顧客のウォンツの奥にある「ニーズ」を満たして顧客創造を実現する。
③ 商品には、目に見える「性能」と共に、目に見えない「価値」がある。
④ 顧客ニーズと価値を見きわめようとするのが「マーケティング発想」である。

　本書題名のマーケティング・デザインとは、そうした価値を実現する活動のデザインにほかならない。P&Gタイドの一連の活動を振り返ることで、その姿を覗いておこう。

① 冷水にも溶ける洗剤という新しい技術（「性能」）を、消費者がもっとも心に響く「価値」（エネルギー節約を含めた環境保護）に結びつける。
② その価値を顧客創造という形で実現するための戦略を考える。具体的には、国際的な環境保護団体「Alliance to Save Energyとの連携、コールドウォーター・チャレンジ（Tide Cold Water Challenge）と名づけたキャンペーン企画、Webサイトの立ち上げ、Webサイト登録者への無料サンプルの提供、友人紹介プログラムの提供、登録者100万人突破でのNFFNへの寄付、といった一連の活動を考え実践した。

　性能を、顧客の心に響く価値に結びつけることが、マーケティング・デザインの第一の課題。その価値を、顧客の心に響くコミュニケーションを用いて顧客に伝えて顧客創造することが第二の課題である。

　本書のタイトル「マーケティング・デザイン」とは、こうした顧客創造に向けた一連の課題に応える諸活動のデザインにほかならない。

考えてみよう　参考文献　次に読んで欲しい本　はこちら☞
(http://www.sekigakusha.com/md/md01.html)

15

第**2**章

マーケティング・ミックスによる顧客創造
―ネスレ日本　キットカット

1　はじめに
2　「キットカット」とマーケティング・ミックス
3　マーケティング・ミックスによる顧客創造
4　おわりに

第1章
第2章
第3章
第4章
第5章
第6章
第7章
第8章
第9章
第10章
第11章
第12章
第13章
第14章
第15章

◆ 第1部 顧客創造のデザイン

1 はじめに

　顧客創造は、企業の成長を語る上で欠かすことのできない企業活動の1つである。顧客創造を図るには、マーケティング活動やイノベーション（技術革新）が求められる。ここでは、「マーケティングをデザインする」という視点から、顧客創造について考えていくことにしたい。

　マーケティングをうまくデザインすることにより顧客創造を図った好事例として、ネスレ日本の「キットカット」のケースがある。写真2-1は、「キットカット」を2つ並べたものであるが、1つは一般に販売されている通常パッケージであり、もう1つは受験シーズンになると限定発売される受験生応援パッケージである。パッケージこそ異なるものの、中身のチョコレートの味自体は同じである。しかしながら、受験シーズンになると、受験生応援パッケージ商品のほうがよく売れている。この事例の背後には、商品は全く同じでありながら、「キットカット＝チョコレート菓子」という既存の固定概念にとらわれることなく、新しい「受験生応援」市場を創造し、その象徴的存在へと変容させることに成功した点を指摘できる。

　このように、新たな視点からマーケティングをデザインすることによって、顧客がその商品に真に求めている価値を引き出し、新たな顧客創造が可能になるのである。本章では、キットカットのケースを通じて、ターゲット顧客に対して、どのような価値を、どのように提供するかで新たな顧客がいかに創造可能かを、マーケティング・ミックスの枠組みを使って考える。

【写真2-1　通常パッケージ（左）と受験生応援パッケージ（右）】

出所：ネスレ日本株式会社

第2章 マーケティング・ミックスによる顧客創造 ❖

コラム2－1

高岡浩三氏
ネスレ日本㈱ 代表取締役社長兼CEO

第2章

　スイスに本社を置くネスレ（Nestlé Ltd.；ネスレ本部）は世界最大の食品メーカーであり、売上高は約11兆円（2015年）である。ネスレ日本は1913年に設立され、外資系企業の先駆け的存在でもある。同社は2015年売上高4.6％増と、先進国市場平均の1.9％を上回る成長率を達成している。ネスレ本部は、「製品とビジネスモデル両面での強力なイノベーションが業績をけん引」する子会社として、ネスレ日本を高く評価している。

　ネスレ日本の高岡浩三氏は、2010年に日本人の生え抜き社員として初めて社長に就任し、少子高齢化を踏まえた「先進国モデル」を確立したことで知られる。高岡氏は、本章で取り上げたキットカットの受験生応援キャンペーンや第5章で取り上げるコーヒーマシンの無償提供サービス「ネスカフェ アンバサダー」といった日本独自のビジネスモデルを次々と成功させたことでも有名である。2014年、世界で最も顕著な活躍を見せたマーケティングリーダーに贈られる「Internationalists」や日本マーケティング協会が主催する「第6回日本マーケティング大賞」も受賞している。

　高岡氏は、独自の経営理念を実践することで、日本という成熟市場においても売上高・利益率ともに持続的な成長を実現している。その経営理念とは、「経営とはマーケティングそのものである」、「潜在的な価値を見出し、ビジネスとして提供する仕組みが大切」というものである。キットカットに象徴されるように、機能的価値（「美味しいチョコレート菓子」）だけでは差別化が難しいといわれる現代において、顧客が求める潜在的価値（「ストレスからの解放」）を具現化させることが重要な差別化の方法となってきている。顧客が何を望んでいるかを把握し、そのニーズに合わせた新しいライフスタイルや感動を提案することで、現在のネスレ日本の地位が築かれたといっても過言ではない。

2 「キットカット」とマーケティング・ミックス

　キットカットは、1935（昭和10）年にイギリスで生まれた80年を超えるロングセラー商品である。日本での発売は1973（昭和48）年で、一般的なチョコレー

第 1 部　顧客創造のデザイン

ト菓子でありながら、長い間、顧客に愛され続けている商品でもある。

日常的なおやつとしての「キットカット」

チョコレート菓子市場は、老若男女の幅広い世代に購入される一大菓子市場を形成している。チョコレートは個人の嗜好が強く反映される商品であり、独特の風味や味わいといった違いにより様々な商品が展開されている。たとえば、消費者の異なる嗜好に合わせる形で、ビターチョコやミルクチョコの他、フルーツ味や抹茶味などの風味づけをしたフレーバーチョコなどが販売されている。

1973年発売当時、キットカットは日本市場に投入されたばかりの商品ということもあって、その商品特性が消費者に十分に浸透していなかった。そこで、ネスレ日本は、イギリス生まれという文化的要素と、チョコレートでウエハースをコーティングしたチョコレート菓子という機能的価値（商品のもつ機能的特性から得られる価値）を消費者に訴求する戦略で他社との差別化を図った。

さらに、当時の有名タレントである宮沢りえや中山エミリを起用して、大々的なテレビコマーシャルを展開し、商品認知度の向上を図った。キットカットのCMでは、今ではおなじみのキャッチフレーズである "Have a break, have a KIT KAT." を前面に打ち出し、商品認知度の定着を図った。

加えて、当時、キットカットが大量販売できる販路として、スーパーマーケットが選択された。この結果、キットカットのメインターゲットは中高生であるが、実際には彼らの母親が主な購入者となっていた。そのため、当時のキットカットの商品イメージは、学校帰りの中高生が家でたくさん食べられるようにと、彼らの母親が好んで購入するおやつとして定着していった。

「キットカット」を取り巻く課題

1980年代以降、キットカットの機能的価値を中心に訴求したマーケティング活動が功を奏し、チョコレート菓子市場で一定の認知度を獲得するに至った。その一方で、チョコレート菓子市場では、江崎グリコの「ポッキー」をはじめ、明治の「きのこの山」、ロッテの「パイの実」など後に各社のロングセラー商品となるチョコレート菓子と激しい競争を繰り広げていた。こうした中、ネスレ日本は、他社製品との差別化を図るための意思決定を下す岐路に立っていた。一方の選択肢には既

20

第2章　マーケティング・ミックスによる顧客創造 ❖

存顧客の満足を今よりもさらに向上しようとするアプローチ（顧客満足型アプローチ）があり、もう一方の選択肢には新たな価値を顧客に提供することで顧客を創造しようとするアプローチ（顧客創造型アプローチ）があった。

　顧客満足型アプローチの特徴は、既存顧客のニーズ、すなわち中高生の「美味しいチョコレート菓子を食べたい」というすでに顕在化している欲求（顕在的ニーズ）をより高いレベルで満足させるべく、味や食感といった機能的価値を絶えず改良し続け、中高生の顧客満足を高めようとするところにある。

　他方、顧客創造型アプローチの特徴は、中高生の顧客満足に焦点を当てるのではなく、中高生が潜在的にもっている欲求（潜在ニーズ）を新たに探り出し、そのニーズに沿ったマーケティング活動を適切にデザインすることで、顧客創造をしていこうとするところにある。

　「キットカット」の商品認知度を高めることに注力していた1980年代とは異なり、競合他社も主力製品を市場に逐次投入してきており、顧客は十分に満足する「美味しいチョコレート菓子」を様々な選択肢の中から入手可能な状態にあった。そのため、顧客満足型アプローチでは、新たな顧客を獲得して売上シェアを伸ばしていくには限界がみられた。

　そこで、ネスレ日本は、顧客創造型アプローチを採用して、キットカットに対する潜在ニーズの探索を開始することとした。キットカットに対する中高生の認識について調査したところ、同商品の基本コンセプト（商品の特徴を端的に表したもの）である"break"をあまり理解していないことがわかった。

　欧米では、"Have a break, have a KIT KAT."といえば、「パキッとチョコを割るbreak」と「ひと休みのbreak」をかけて2つの意味を連想させるキャッチフレーズ（語呂合わせ）として浸透していた。ところが、英語圏ではない日本人からしてみれば、"Have a break, have a KIT KAT."はテレビコマーシャルで聞き馴染みがあるとはいえ、語呂合わせで2つの意味を容易に連想する欧米人と同じような感覚で捉える消費者はほとんどいなかった。

　このように、キットカットを取り巻く課題として、①商品の機能的価値を追求する顧客満足型アプローチでは新たな顧客を獲得する余地が限られていたこと、および②商品コンセプトである"break"があまり理解されていなかったこと、が浮き彫りとなった。欧米の消費者の間では、キットカットの機能的価値以外に、"break"に「ひと休みのbreak」という価値を見出すことで、商品のブランドイメージが確立していた。そこで、欧米と同じように日本でも"break"という言葉

❖ 第1部　顧客創造のデザイン

に新たなメッセージ性を付与し、新たな価値を提案することで顧客を獲得することができるかが、顧客創造のカギとなることが指摘できる。

❖ 顧客満足から顧客創造へ

　顧客ニーズを調査する手法としてアンケートやグループインタビューなどがある。しかしながら、こうした調査は顧客満足を測定するのに適した方法であることから、キットカットに対してすでに持っている既成概念に左右された回答になりがちで、当初企図した消費者の潜在的ニーズを探索する方法としては不向きであった。

　そこで、こうした一般的な調査手法は採らずに、中高生の言動を注意深く観察し、中高生の抱く"break"とは何かを探索する方法を採用することとした。具体的には、中高生にとっての「理想的な休憩、嫌な休憩」を題材に彼らの日常風景を撮影してもらい、その写真に対する印象を簡潔に表現する手法を考案した（関橋英作『チーム・キットカットのきっと勝つマーケティング』ダイヤモンド社、2007年）。その結果、中高生の"break"像は、これまでの商品コンセプトである「break＝ひと休み」とは異なり、「break＝ストレスがなく、心が解放されること」という新しい発見が得られた。

　この新しい発見は、従来のコンセプトである「break＝ひと休み」から中高生の"break"像である「ストレスからの解放」へと、キットカットの商品コンセプトの変更を促す良い契機となった。

　ちょうどその頃、九州のスーパーでは、受験シーズンになるとキットカットがなぜかよく売れるという不思議な現象が起きていた。調査の結果、キットカットは、九州弁の「きっと勝つ」の発音と近く、語呂合わせで縁起担ぎに購入されていることがわかった。中高生の重要なイベントに「受験」があり、受験に対するストレスを少しでも和らげようとキットカットのもつ縁起のいい響きにあやかって購入されていたのである。

　ネスレ日本は、この現象をきっかけとして、「きっと勝つ」の語呂合わせを受験生が「願掛け」と結び付けて創造した価値と、キットカットの商品コンセプトである「ストレスからの解放」とをうまく掛け合わせることで、中高生がキットカットに真に求める新たな価値を生み出すことに成功した。すなわち、この新たな価値は、キットカットの意味を「美味しいチョコレート菓子」から「受験の願掛け」というメッセージが付与された象徴的存在へと昇華させ、中高生にとってかけがえのない

第2章 マーケティング・ミックスによる顧客創造 ❖

特別な意味を持った媒体へと変容させたのである。

❖ 応援する媒体としてのポジションの創造

第2章

「キットカット」のケースでみられた顧客創造型のマーケティング活動は、機能的価値の改良によって顧客満足の向上を目指すのではなく、むしろ受験生が直面する「受験ストレスからの解放」という情緒的価値（人間の感情に影響を生み出す価値）を引き出し、新たな顧客創造を図ろうとするものであった。それを中高生にいかにうまく訴求できるかは、調査から判明した「受験ストレスからの解放」という潜在的なニーズをいかに実際のマーケティング活動に反映できるかに左右される。

従来のマーケティング活動は、テレビコマーシャル（TVCM）による認知度の向上が中心であった。しかしながら、30秒という制約条件のあるTVCMでは、中高生の心情にうまく働きかけて情緒的価値を訴求するには限界があった。

そこで考案されたのが「受験生応援キャンペーン」であった。このキャンペーンは、キットカットという商品そのものではなく、受験生を応援する「媒体」としてのキットカットにスポットライトを当てようとするものである。この結果、キットカットは、受験生応援商品の象徴的存在としてのイメージが確立され、定着していくことになる。

まず、キットカットは、受験生がよく利用するホテルとコラボレーションすることにした。ホテルのフロント係から「受験頑張って下さい」と一言を添えてキットカットが手渡しされることで、ホテルが受験生を応援しているというメッセージをうまく伝える媒体として、キットカットが重要な役割を果たしたのである（写真2-2）。

つぎに、キットカットは、公共交通機関と共同でキャンペーンを展開した。車内ポスターによる交通広告を展開したり、桜とキットカットのロゴがあしらわれた電車を走らせたりすることで、キットカットと公共交通機関が、主役である受験生を応援する媒体としての役割を担っていった（写真2-2）。

また、キットカットは、175Rや木村カエラといった著名なミュージシャンを高校の卒業式にサプライズ・ゲストとして登場させる企画を実施した。また、その様子を自社の動画ウェブサイト（ブレイクタウン・ドットコム）で公開し、同時にキットカットとサプライズ・ゲストがコラボレーションした新曲のCDを発売した。これにより、キットカットは、受験生を応援する媒体という新たなポジションの獲

23

❖ 第1部　顧客創造のデザイン

【写真2-2　受験生応援キャンペーン】

出所：ネスレ日本株式会社

得を図った。

　さらに、キットカットは、日本郵政と「キットメール」を共同企画した。「キットカット」のパッケージに受験生への応援メッセージを書いて郵送できるという新しい形のサービス（キットメール）を展開することで、応援媒体としての幅を広げることに成功した（写真2-2）。

　このように、キットカットは、様々な受験生応援キャンペーンを次々と企画・展開していくことで、消費者がこれまで抱いていた「キットカット＝チョコレート菓子」という既存の商品イメージを打ち破り、受験生を応援する媒体というポジションの獲得と新たな顧客の創造に成功したのである。

　以上のように、新たな「キットカット」観が確立できたのは、機能的価値を改良して顧客満足を高める手法はあえて採らずに、中高生の「ストレスからの解放」という潜在ニーズを引き出し、中高生が偶然に見出した「受験ストレス」という新たな情緒的価値を起点に顧客創造を図ったことにある。情緒的価値を高める際には、「キット、サクラサクよ。」と言うメッセージが一貫して使用された。その結果、ストレスを抱える受験生にとって、キットカットという商品は、受験ストレスから解

放してくれるお守り的役割へと変容していったのである。

3 マーケティング・ミックスによる顧客創造

第2章

　以下では、「キットカット」の事例を振り返りながら、マーケティング・ミックスの考え方について詳しくみていくことにしよう。

　マーケティング・ミックスとは、ターゲットとなる顧客にどのような価値を、どのように提供するかを考えるためのマーケティング理論をいう。すなわち、製品（Product）、価格（Price）、流通（Place）、プロモーション（Promotion）の４つに分類したマーケティング手法をいい、これらの頭文字をとって略して「４P」とも呼ばれる。

❖ 製品（product）

　製品とは、企業がターゲットとする顧客に提供する商品やサービスの組み合わせをいう。製品を購入してもらえるかは、「顧客のどのようなニーズを満たす製品になっているか」に大きく依存する。

　たとえば、「キットカット」のもつ価値には、「ウエハースチョコ」や「サクサクとした食感」といった機能的価値以外にも、「ひと休み」や「ストレスからの解放」といった情緒的価値も含まれる。こうした価値の違いは、マーケティングの対象となる顧客ニーズの違いが反映されたものである。

　ここで、顧客は「生活シーン」と「商品の価値」の２つを重視するものと仮定しよう。こうした仮定の下で、生活シーンとしての「限定性（日常生活の食分野）vs.拡張性（受験，贈答等）」（縦軸）と、商品の価値としての「機能的価値vs.情緒的価値」（横軸）という２つの側面から、「キットカット」と他社の競合製品の位置関係を図示したものが図２−１である。

　贈答品として用いられることが多いプレミアムチョコは日常生活から拡張されたシーンで消費されるものであり、このカテゴリーには高級感のある味をプレミアムな価格で提供するゴディバなどの製品群があり、図表上では左上のカテゴリーに分類される。これに対し、日常的なストレスから解放され、リフレッシュするための代表的な商品としてグリコのGABAなどの製品群があり、図表上では右下のカテ

25

❖ 第1部　顧客創造のデザイン

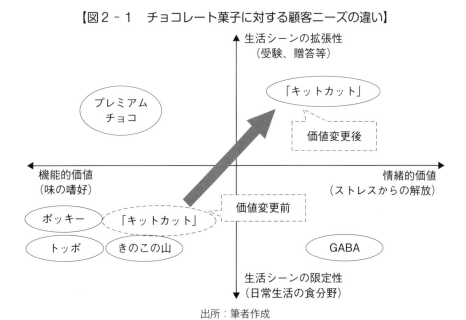

【図2-1　チョコレート菓子に対する顧客ニーズの違い】

出所：筆者作成

ゴリーに分類される。

　従来のキットカットは、機能的価値を訴求した「日常的なおやつ」として社会で認知されており、左下のカテゴリーに分類することができる。このカテゴリーでは競合他社の主力製品であるポッキーやトッポ、きのこの山などが互いにしのぎを削っている。このポジションでは、キットカットの機能的価値による訴求力だけでは、競合他社との差別化が難しい。これに対し、キットカットは、日常生活の食分野から新たに「受験」という拡張された生活シーンに着目し、「受験ストレスからの解放」という情緒的価値を受験生に訴求し、「応援を形」にする役割を創り上げたことによって、図表上では右上のカテゴリーで新たなポジションの確立に成功した。

❖ 価格（price）

　価格は、製品を手に入れるために顧客が支払う対価のことをいう。価格は、製品や流通とは異なり、市場の変化に合わせてすぐに変更できる特徴を有する。このような価格のもつ特徴を活かして、商品特性やターゲットの属性（年齢や性別など）、

第2章　マーケティング・ミックスによる顧客創造 ❖

コラム2－2

STP（セグメンテーション（S）、ターゲティング（T）、ポジショニング（P））

第2章

　市場には様々なニーズをもった多くの消費者が存在する。企業が個々のニーズにすべて応えることは、経営資源やコストの制約から不可能である。一方、すべての消費者を対象に同一製品を同一のマーケティング手法で販売するほうが、企業にとって最も効率のよい方法ではないかと思われるかもしれないが、消費者のニーズが多様化している市場環境では、決して最適なアプローチとはいえない。

　そこで、限られた経営資源を効率よく用いながら、顧客の満足度を高めるという2つの目的を同時に達成しようとする方法として、STPがある。STPとは、セグメンテーション（S）、ターゲティング（T）、およびポジショニング（P）の頭文字をとったものである。

　まず、市場を様々な切り口で類似した消費者に区分けして捉える。このような活動をセグメンテーションといい、市場細分化ともいう。切り口には様々なものがあるが、代表的なものは性別や年代、居住地域、嗜好、使用シーンなどがよく用いられる。

　次に、様々な切り口を用いて細分化された市場に対し、自社が最も力を発揮できそうな市場を選定する。このような活動をターゲティングといい、顧客市場の絞り込みを指す。

　最後に、絞り込まれた顧客に対しどのような価値を提供し、競合他社と差別化を図るのかについての意思決定に移る。自社の商品のどこがいいのか、競合商品とどのように違うのかを明確にし、購入に値することを顧客に理解してもらう必要がある。そのために行われる活動がポジショニングである。

　キットカットのケースでは、まず、年齢・性別や味の嗜好といった基準を用いて市場細分化（S）が図られた。つぎに、細分化されたセグメントの中から、サクサクとした食感を好む中高生がターゲティング（T）された。さらに、市場導入期では、イギリス生まれという文化的要素と、チョコレートでウエハースをコーティングした商品という機能的価値を消費者に訴求して独自のポジショニング（P）を獲得し、他社との差別化が図られた。

購入機会、および市場の変化などに合わせて、絶えず適切な価格を検討する必要がある。

27

❖ 第1部　顧客創造のデザイン

　一般に、通常商品と差別化されたプレミアム商品を投入した場合、通常商品よりも高い価格を設定することで、その商品のプレミアム感を演出したイメージ戦略をとることがある。しかしながら、キットカットのケースでは、受験生応援用と通常パッケージはともに同じ価格設定がなされている。キットカットは、これまで日常的なおやつとして顧客に愛されてきたロングセラー商品である。それゆえ、顧客の潜在意識には、キットカットに対する適正価格がすでに醸成されている。こうした顧客に対して、新たに拡張された「受験」シーンでも購入してもらうためには、プレミアム感を演出したより高めの値段設定を行うよりも、むしろ顧客にとってなじみのある価格に据え置いたほうが、顧客の購買行動に結び付きやすいものと考えられる。

❖ 流通（place）

　流通は、製品を顧客に届けるまでの経路のことをいい、顧客と直接コミュニケーションがとれる接点でもある。商品の流通は、ターゲットの属性や、顧客に提供する価値の特徴（機能的価値または情緒的価値など）をうまく組み合わせて設計される必要がある。

　キットカットの場合、従来の主な流通経路は、中高生の母親が購入しやすいスーパーマーケットであったが、受験のお守りとしてのキットカットの場合、中高生の購入スタイルに合わせてコンビニエンスストアも販路として重視された。

　また、ホテルとコラボレーションしたキャンペーンを通じて、宿泊客である受験生に応援メッセージを伝える媒体としてキットカットを手渡すことで、受験生との接点を増やしていった。さらに、ウェブサイト上でショートフィルムを上映し、キットカットの思い描く "break" を体感してもらえるようにした。日本郵政とコラボレーションしたキットメールは、顧客の受験生応援メッセージが込められた媒体として受験生に届けることで、より多くの接点を獲得するに至った。このような緻密な流通戦略を採用することで、「受験生応援商品の象徴的存在」というブランドイメージを着実に確立していったのである。

❖ プロモーション（promotion）

　プロモーションは、自社製品の価値を顧客に伝え、顧客の購買行動へとつなげる

28

第2章　マーケティング・ミックスによる顧客創造 ❖

活動である。

　キットカットのケースでは、顧客に商品の機能的価値を認知させる時期においては、プロモーションの方法としてTVCMは有効な手段であった。一方、商品の情緒的価値を訴求する段階に至ると、中高生の感情に訴えかけるようなコミュニケーション手法が有効なプロモーションとなった。具体的には、受験ストレスからの解放という情緒的価値を訴求するため、キットカットが受験の主役である中高生を応援する様々な媒体となって多様な情報発信が試みられた。たとえば、ホテルや公共交通機関とのコラボレーションやサプライズ・コンサートの開催などである。また、こうした取り組みをマスコミに大々的に取り上げてもらうことで、マス広告とは違ったプロモーション効果を生み出すことにも成功した。

❖ マーケティング・ミックスのデザインによる顧客創造

　「キットカット」にみられる、マーケティング・ミックスを通じた顧客創造は、市場環境の変化に合わせて変容している。

　機能的価値を追求していた時期においては、サクサクとした食感を好む子供の顕在的ニーズを満足した商品（プロダクト）を、割安な価格（プライス）で、その子供の母親がアクセスしやすいスーパーマーケットで販売（プレイス）し、「キットカット」の認知度を高めるために大々的なTVCM（プロモーション）を投下するというマーケティング・ミックス（4P）を構築した。

　他方、機能的価値だけでは競合製品との差別化が困難な時代にさしかかると、顧客の潜在ニーズを見出し、ストレスからの解放（受験生応援）という新たな情緒的価値が付与された商品（プロダクト）を、高いメッセージ性を演出しつつ顧客になじみのある価格（プライス）で、新たな価値を体験できるような多様な接点を提案（プレイス）し、中高生の感情に訴えかけるような受験生応援キャンペーン（プロモーション）を展開するという新たなマーケティング・ミックス（4P）を構築することで、顧客の創造（「受験生応援」市場）が図られたのである。

4 おわりに

　この章では、マーケティング・ミックス（4P）による顧客創造やその考え方に

❖ 第1部　顧客創造のデザイン

ついて、「キットカット」の事例を通じて学んできた。具体的には、マーケティング・ミックスは、ターゲットになる顧客に対して、どのような製品（価値）を、どのような価格、流通、プロモーションで届けるかを考える枠組みを提供することが確認できた。

　マーケティング・ミックス（4P）はそれぞれが密接不可分の関係にあるため、互いの整合性を確認し合いながら、ターゲットに向けて適切なマーケティング活動とは何かに絶えず留意しながらデザインする必要がある。

　顧客にとっての商品の意味や価値は、市場の変化とともに変容することにも留意する必要がある。こうした市場の変化を敏感に捉え、新たな視点からマーケティング・ミックスを捉え直すことで、顧客の潜在ニーズを汲み取り、新たな顧客創造へとつなげることが可能となるのである。

考えてみよう　参考文献　次に読んで欲しい本　はこちら☞
(http://www.sekigakusha.com/md/md02.html)

第**3**章

製品による顧客創造
―カモ井加工紙株式会社
　マスキングテープ「mt」

1　はじめに
2　カモ井加工紙「mt」の製品開発
3　製品による顧客創造
4　おわりに

❖ 第1部　顧客創造のデザイン

1　はじめに

　消費財の市場では、日々膨大な数の新製品が開発・発売され、激しい競争を行っている。さらに近年では、こうしたプロセスに、他企業や最終消費者が参加して、共同で新製品開発がなされるケースもしばしば見られるようになった。例えば、ユニクロと東レは、共同開発した繊維素材のブランド「ヒートテック」をヒットさせ、コンビニエンスストアでは、ソーシャルメディアを活用して消費者から募集したアイデアと投票で選んだ具のおむすびを発売している。

　本章では、企業のマーケティング活動のうち、新製品開発を通じた顧客創造がどのように実現されるのか、そして新たな顧客創造を実現するうえで、ユーザーの参加がどのような積極的な役割を果すのかについて学ぶ。カモ井加工紙株式会社（以下、カモ井加工紙）によって販売され、文具や装飾用テープとして女性を中心とするユーザーに人気を博しているマスキングテープ、「mt」の製品開発の事例を中心に見ていこう。

2　カモ井加工紙「mt」の製品開発

❖ マスキングテープ市場とカモ井加工紙の課題

　「マスキングテープ」は、手で簡単にちぎれるほど薄い紙で作られた、弱粘着性のテープである。一度貼ればぴったりと密着するが、剥がす時には糊残りなくきれいに剥がせるマスキングテープは、もともと自動車産業の塗装工程における"養生（マスキング）"のためにアメリカで開発された。その後、日本の自動車産業でも使用されるようになると、和紙を素材としたテープが開発され、やがて建築現場で各種ボードやパネル同士の隙間をシーリングするといった、塗装以外の用途にも用いられるようになった。そのユーザーはもちろん、現場で大量のテープを貼り剥がししながら作業する、塗装や建築の職人たちである。

　そうした和紙を基材としたマスキングテープを製造する、カモ井加工紙（資本金

2,400万円、従業員230名）は、1923年に「カモ井のハイトリ紙製造所」（ハイとは岡山の方言で蝿のこと）として創業以来、岡山県で粘着技術を生かした製品の開発・販売を行ってきた企業である。カモ井加工紙は、用途別（シーリング用、車両塗装用、建築外装用、建築内装用）に、紙の厚さや粘着力、引張強度、伸び等が異なる、500種類以上のマスキングテープを製造している。同社では製品開発担当者が、営業と共に安全ヘルメットを被って塗装現場・建築現場に足を運び、ユーザーである職人たちの反応や声をインタビューや観察によって把握し、多様で変化するニーズに対応する製品改良を行ってきた。その結果、1981年には日東電工や住友３M、ニチバンといった大手競合企業がひしめくシーリング用テープの市場で、70％シェアを獲得する「No.3303」というヒット製品も生み出してきた。

　ただし、カモ井加工紙の創業期の主力商品であるリボン型の「蝿取り紙」の売上は、スプレー式の殺虫剤の普及によって1965（昭和40）年をピークに低下し、製品ライフサイクルの衰退期にあると考えられた。産業用途のマスキングテープもまた、安定的な売上を確保しているものの、さらなる成長可能性が低い成熟期の市場にあり、カモ井加工紙は、企業として新たな成長市場を開拓する必要に迫られていた。

❖ ターゲット以外の新たなユーザーとの出会い

　そんな2006年の夏、カモ井加工紙に、従来のターゲットユーザーである職人ではない一般女性３名から、マスキングテープ工場の見学希望のメールが届いた。マスキングテープの“熱狂的なファン”を自称する彼女たちは、自らが考えるマスキングテープの魅力と用途を紹介する小冊子を自作してカフェで販売しており、その記事のために取材したいという。

　この突然の申し出に、カモ井加工紙社内は困惑した。毎日マスキングテープを大量に張り剥がす職人にとっては、主に接着剤の粘度や種類によって実現される「屋外や悪環境下でも剥がれないが、貼られたものの表面を傷めることなく簡単にはがすことができること」や、薄い和紙の基材によって実現される「片手で簡単にちぎることができるが、一気に引っ張ってまとめて剥がせる利便性」が重要となる。メーカー側も、そうした強度や粘着力といった機能的価値に焦点を合わせて、ユーザーの声に応えるテープの開発・改良をしてきた。しかし女性達が語ったマスキングテープの魅力というのは、多様な「色合い」と和紙の「風合い」といった情緒的

◆ 第1部　顧客創造のデザイン

価値だった。確かに、各社が発売するマスキングテープは、職人が用途別に選びやすいよう、自動車塗装用は黄色、シーリング用は青色というように色分けされており、またメーカーや品目間で微妙に色調の違いがある。さらに薄い和紙を素材とするため、テープにはうっすら繊維が透けて見え、また重ねて貼ると下の色や柄が透けて見える特徴がある。女性達は、複数のテープを組み合わせた時の色合いの美しさに魅了され、あらゆるメーカーのテープを収集し、本来の用途とは異なる、封筒・カードの装飾やラッピング、コラージュ制作の画材として活用したり、色の組み合わせが美しくなるよう異なるメーカーのテープを組み合わせて、文房具としてカフェの一角で販売したりしていた。

　メールに続いてカモ井加工紙に届けられた手作りの小冊子には、同系色が美しいグラデーションになるよう、23色の実物のテープが貼り込まれていた。カモ井加工紙では、それを見てようやく自社の製品が一般消費者によって異なる用途で使用され、メーカーが意図しなかったテープの情緒的価値が評価されていることを理解した。

❖ 新ブランド「mt」の開発と発売

　実現した工場見学で女性達は、「オリジナル色のマスキングテープを作ってカフェで販売したい」という希望を、案内した営業担当の谷口氏と広報担当の高塚氏に伝えるが、産業用途のテープの最小生産単位は個人で発注可能な量ではなかったため断念された。しかし数カ月後、確かに若い女性達の間に一定のファンがいることを認識し始めた谷口氏のほうから、「もしカモ井加工紙が20色のマスキングテープを発売するなら、どんな色が欲しいか」を3人に尋ね、「mt」というブランド名で発売される新製品の開発プロジェクトがスタートした。

　工場見学に対応した2人に製造担当の若手社員の逸見氏を加えたプロジェクトチームは、3人のユーザーとやり取りをしながら、一般消費者向けのmtにふさわしい製品仕様と流通チャネルを検討していった。色以外の製品仕様は、ユーザーが気に入っていた既存の産業用テープのままとしたが、一般消費者に向けた販路を持っていなかったカモ井加工紙では、使用行動をもとに3人の女性が候補として挙げた、セレクトショップ、文具店、書店、量販店等に谷口氏が足を運んで意見を聞くことから、新たなチャネル開拓を始めた。また3人の中でグラフィックデザイナーだったユーザーから、異なる売場に対応する数種類のパッケージデザインが提

34

第3章 製品による顧客創造

【写真3-1 マスキングテープ「mt」】

出所：カモ井加工紙株式会社

案された。同じくカフェ経営者だった女性によって、2007年11月の一般発売に先立って店頭でテストマーケティングが行われ、顧客の反応をもとに1個180円という小売価格が設定された。さらに、ユーザーの自由な使い方を促すために、メーカー側から「こういう用途で使ってください」という指定をあえて行わなかった。

　mtの発売後は、20代後半から30代の女性を中心とした消費者からすぐに好評を得た。広告などは一切行われなかったが、購入したユーザーたちが各々に考えだした使用シーンやオリジナル作品を撮影し、ブログやソーシャルメディアに多数投稿したことで、他の消費者と流通事業者に対してmtの存在や魅力が瞬く間に拡散されることになった。mtの売上高は、2014年度で約15億円までに成長し、カモ井加工紙の新たな事業の柱となっている。

❖ 多様なパートナーとのさらなる顧客創造

　mtの発売後、より広いユーザーへ普及したマスキングテープの使用シーンでは、開発者が想定しなかった、多様な用途が顧客によって継続的に生み出されている。谷口氏の「アイデアを持っているのは我々ではないため、外からのアイデアをどう

❖ 第1部　顧客創造のデザイン

吸収して商品に生かせるか、に集中してきた」という言葉通り、カモ井加工紙ではオンラインとオフラインの両方で、より広範囲なユーザー達との対話の場を持っている。公式ウェブサイトは、企業からの情報発信とあわせて、ユーザーによって開発されたmtの活用アイデアを紹介する場となっている。また、新製品や実験的な使用法を提案し、ブランドのコンセプトを伝えるために2009年以降全国の都市で開催されている展示会「mt ex展」や、活用法を教えるワークショップ「mt school」には、毎回多くのマスキングテープファンが訪れており、そこで得られた来場者からのアイデアが、新たな製品開発に繋がるケースもある。壁面をマスキングテープで装飾するという用途からは、壁紙のように使える幅広のマスキングテープ「mt CASA」が誕生し、順調な売上を実現している。

　さらに近年では、バレンタインデーの手作りチョコのラッピングに関する明治製菓との共同プロモーションや、退去時の現状復帰が義務付けられている賃貸住宅をマスキングテープで装飾するミサワホームとの取り組み、UNIQLO GINZAとのUT×mtのTシャツ作成や店舗ディスプレイなど、一般消費者にとどまらない他社とのコラボレーションも行っている。こうして、ユーザーとの対話の範囲がますます広がることで、mtの価値もいっそう高まっている。

【写真3-2　多様なマスキングテープの活用法
　　　　　（容器を装飾する、テープを貼りあわせてリボンをつくる）】

出所：カモ井加工紙株式会社

第3章　製品による顧客創造

```
┌─ コラム3－1 ─┐
```

製品ライフサイクル成熟期におけるリポジショニング

　製品による顧客創造は、新製品が開発され、無事に発売されれば、それで完了するわけではない。むしろ、市場導入後にどのようなマネジメントを行うかによって、その製品がどのような価値を実現するか、市場でどれだけ長く生き延びられるか、が決まってくる。製品が発売されてから最終的に市場から撤退するまでの推移は、生物の一生になぞらえて、製品ライフサイクルと呼ばれる。製品ライフサイクルは、「導入期」・「成長期」・「成熟期」・「衰退期」の4つの時期に分けられ、それぞれの時期に応じたマネジメントが行われる（図3-1）。「導入期」は、製品が市場導入された段階であり、売上はごく小さく、利益はゼロかマイナスである。「成長期」は、製品が急速に浸透し、売上と利益が大幅に向上する段階である。「成熟期」は、製品が潜在的買い手のほとんどに普及し、売上の伸びは減速する段階で、利益も安定もしくは競争により減少する。「衰退期」は、売上が低下し、利益も減少する段階である。

　ただし、ある製品の市場成長が頭打ちし、成熟期に至ったと判断されても、そこから必然的に衰退期へと向かうわけではない。そこで適切なSTPを定義して製品のマネジメントを行うことで、市場シェアを維持し、利益を拡大することができる。さらにmtのように、新たな顧客をターゲットにしたり、製品の新たな価値を訴求したりすることで、製品をリポジショニングし、再び成長期の市場を生み

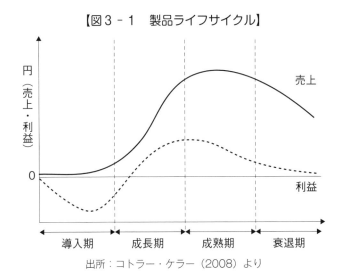

【図3-1　製品ライフサイクル】

出所：コトラー・ケラー（2008）より

37

❖ 第1部　顧客創造のデザイン

出すことができる場合もある。成熟期における製品のマーケティング戦略には、主に、ユーザー数を拡大することで成熟した製品の売上向上を試みる「市場の修正」、品質や特徴、スタイルの改良によって売上を促進する「製品の修正」、価格、流通、広告、販売促進、人的販売、サービスなど、製品以外の要素を修正して売上を伸ばそうとする「マーケティング・ミックスの修正」の3つがあるが、mtの成功もまた、これを組み合わせることで実現されていることがわかる。

3 製品による顧客創造

ここまでは、建築・塗装の現場で使用する職人をターゲットとしたマスキングテープの成熟期に直面したカモ井加工紙が、ターゲットとは異なるユーザーが生み出した新たな用途に着目し、彼女たちとの対話を通じて、文具・装飾用途で使用されるマスキングテープの新たな成長市場を生み出してきたことを見てきた。ここでの顧客創造の要点は、大きく4つ挙げることができる。

❖ ユーザーが使用してはじめて製品の価値が生まれる

まず製品の価値は、製品自体にもともと内在しているわけではなく、それを使用するユーザーのニーズと対応することで、はじめて実現されることだ。ただし同じ製品であっても、異なるニーズを持つユーザーは、製品の異なる属性を評価するため、全体としての製品の価値は多元的だといえる。マスキングテープの場合は、現場で作業をする職人にとっては「貼り剥がしの容易さ」という機能的価値と、それを実現する強度や粘着力等の属性がもっとも重要であった一方で、カラフルなテープで装飾をしたいユーザーにとっては、テープの多様な色合いや風合いといった情緒的価値が非常に重要になる。だからこそ企業は、ターゲットユーザーのニーズに基づいて、最適なやり方で製品の魅力を訴求する必要があるが、同時にユーザーは時に、当初企業側が想定しなかった用途や価値を見出すことがあり、とりわけ既存市場の成熟期には、それを取り入れることで製品価値を再定義できる可能性があることも忘れてはいけない。

mtの開発では、「手で切れる」「貼って剥がせる」という従来の機能的価値に加

38

えて、「文字が書ける」という新たな機能や、「和紙の透け感」「色の魅力」による
情緒的価値が加わって、マスキングテープの新たな価値が定義された。そして、
メーカー側が製品の価値をあえて型にはめないことで、今日でもユーザーから新た
な製品価値が生み出され続けている。

❖ 価値共創のパートナーとしてのユーザー

　伝統的には、メーカーを中心とする企業が、価値創造の担い手と考えられてきた。
しかし実際にはmtの事例に見られるように、ユーザーが価値創造プロセスにおい
て重要な役割を果たす場合が少なくない。このように、ユーザーを含む企業以外の
ステークホルダーとの協働によって、新たな価値を創造することは、「価値共創」
と呼ばれる。たとえ企業の製品開発プロセスに直接参画することはなかったとして
も、ユーザーは製品を「使用する」ことによって、価値の共創者としての役割を間
接的に果たしており、結果的に企業の成長性と収益性の向上に貢献している。ただ
し、こうしたユーザーによる価値創造プロセスへの参加は、製品やブランドへの関
与の高さや共創経験そのものの価値といった誘因に基づいているため、企業組織と
は異なるマネジメントが必要となる。mtの事例においても、開発プロセスに直接
関わった３人の女性からは、金銭的な要望は一切なく、結果として企業側からパッ
ケージのデザイン料以外の対価は支払われなかったが、だからこそユーザーの側か
らも対等な立場で妥協のない意見が出された。結果的には、それが成功する製品開
発へと結びついたのである。

❖ 新たな価値の実現にともなう組織プロセスの変更

　新たな価値実現の努力は、それが革新的であるほど、新規のノウハウとプロセス
を組織に要求するゆえに困難に直面する。mtの発売にあたっては、カモ井加工紙は、
一般消費者に向けた販売チャネルを新たに開拓する必要があり、さらに生産プロセ
スも変更しなければならなかった。和紙テープの表面に20色のインクを印刷する
ことで小ロット（生産単位）生産を可能にしたmtでは、従来の製造ラインに初め
て和紙印刷の工程が追加されたため、ユーザーが求める色合いや風合いを実現する
ために、１色当たり複数回のやり取りを通じて、ようやく20色のマスキングテー
プが完成した。また多品種小ロット生産のmtの製造では、産業用テープでは既に

❖ 第1部　顧客創造のデザイン

コラム3-2

ユーザーイノベーション

　mtの事例のように、企業ではなくユーザー側がイノベーションの担い手となる現象は、「ユーザーイノベーション」と呼ばれる。マサチューセッツ工科大学（MIT）のフォン・ヒッペル教授は、製品・サービス設計のためには、「ニーズや利用状況」と「ソリューション」に関する情報の両方が必要となるが、どちらの情報も生み出された場所から他の場所に移動するのにコストがかかる、という「情報の粘着性」仮説を提唱した。そして、ニーズ情報に関しては、製造企業よりもユーザーのほうが的確で詳細な情報を持っており、実際に多くの事例では、製造企業よりも先に、ユーザーが開発に着手していると指摘した。ユーザーが少ないためソリューションを市場で調達困難な産業財や、スポーツや趣味の分野を中心とする消費財では、ユーザー自らがソリューション開発を担う傾向が特に強いという。

　とりわけ、こうしたユーザーの中でも、「リードユーザー」と呼ばれるユーザーは、商業的にも影響の大きなイノベーションを引き起こす可能性が高いことが知られている。マスキングテープのファンであった3人の女性達は、①重要な市場動向に対して大多数のユーザーに先行している、②自らのニーズを充足させる解決策（ソリューション）から相対的に高い効用を得る存在である、というリードユーザーの特質をまさしく備えていることがわかる。

　ただし、新たな製品の開発に気づきを与えてくれる、こうしたリードユーザーは、全体の1～5％程度しか存在しないと言われる。こうしたユーザーに価値創造活動に参加してもらい、ユーザーイノベーションを促進するためには、ユーザーが新しい製品イノベーションを自分で開発できるような、適切な「ツールキット（道具箱）」を提供すること、ユーザーと企業の両方が価値共創のリスクおよび価値を評価できるような情報共有に基づき対話を行うこと、が有効な手立てとなる。

自動化されている裁断・包装工程を、従業員の手作業へと戻さなければならず、プロジェクトメンバーが頼み込んで現場の作業者の協力を得た。さらに従来のマスキングテープとは異なる完全な新市場を創造するmtでは、市場規模の予測も困難であり、売上に関しては当初社内でも半信半疑であった。小規模で自律的なプロジェクトチームが、mtという新製品と、同社の強み（和紙を基材としたマスキングテー

40

第3章　製品による顧客創造

プ）や課題（成長市場の開拓）とを上手く結びつけながら、社内を説得した結果として、ようやく新製品が世に出されたのである。

❖ ユーザー知識の活用による組織能力の構築

　mtの事例で見たように、ユーザー側がもつ知識やノウハウは、時に企業にとって重要な価値創造の源泉となりうるが、それはあくまでも、両者の間に好ましい関係が形成された場合にのみ動員可能な、ユーザー側に帰属する資源である。そこで、企業にとってより重要であるのは、ユーザー側の知識やノウハウを単に獲得し利用することではなく、顧客との対話と協働を通じて既存の知識を刷新し、自社内で新たな組織能力を構築することであると言える。

　例えば、mtの開発をきっかけに印刷技術を導入したカモ井加工紙では、多様な色だけではなく柄のついたマスキングテープの製造が可能となった。その結果、シーズン毎に何十もの新柄のマスキングテープを発表したり、様々なデザイナー等とコラボレーションして柄を開発したり、各地で開催する展示会に合わせたご当地限定柄のmtを発売することができるようになっている。さらに、公式ウェブサイトを通じて、誰でもオリジナル柄のマスキングテープをオーダーできるサービスも展開している。

　また、カモ井加工紙では、3人の女性達との共同製品開発プロセス以後も、より広範囲なユーザーとの対話の場を構築し、継続的にユーザーの声を吸い上げる場として活用したり、様々な企業からのコラボレーションの依頼を受けたりしている。そうした外部からのアイディアは、「mtらしさ」に基づいて採用すべきかが判断される。mtらしさとは、「こだわりのひと手間を加えることで、誰かを笑顔にする」というものであり、「mt ex展」のようなイベントは、そうしたmtブランドの世界観を実際に楽しみながら体験してもらう、カモ井加工紙側からの情報発信の場としても機能している。このように、ユーザー知識を活用するだけではなく、新たに構築した能力やビジョンをカモ井加工紙側から提案することで、ユーザーに対して予想外の驚きと感動を与えるからこそ、性別や世代を超えて新たなファンの広がりを生み出しているのである。

41

◆ 第1部　顧客創造のデザイン

【写真3－3　シーズン毎に発表される多様なデザインのマスキングテープ】

出所：カモ井加工紙株式会社

4　おわりに

　インターネットの普及や、3Dプリンタのように低コストでカスタマイズ製品を生産できるツールの活用によって、従来企業が担っていた価値創造プロセスに一般のユーザーが参画するケースは、ますます増えている。それに伴い、企業の製品による顧客創造プロセスは、社内の閉じた関係性の中で内部資源によって実現されるものから、ユーザーやパートナー企業を含む社外のステークホルダーとのネットワークの中で、より広範な外部資源を活用するものへと移行している。ただし、それはユーザーに対してイノベーション創出機能をアウトソーシングしたり、ユーザーの知識にフリーライドしたりするような単純なものではなく、企業がユーザーとの継続的な対話を通じて、自社の技術・製品の潜在的な可能性についての気づきを獲得し、それをもとに自社の能力を再構築していく学習プロセスとして捉えることが重要である。

考えてみよう　参考文献　次に読んで欲しい本　はこちら☞　
(http://www.sekigakusha.com/md/md03.html)

第**4**章

価格による顧客創造

—サントリー　ザ・プレミアムモルツ

1　はじめに
2　ザ・プレミアムモルツの価格マネジメント
3　価格戦略による顧客創造
4　おわりに

❖ 第1部　顧客創造のデザイン

1 はじめに

　身の回りを見渡すと、同じカテゴリーの商品でも他より価格が高い商品があることに気づく。その商品はなぜ高いのか。材料が高級だからか、品質が良いからか。反対に価格の安いものは材料や品質が劣るのだろうか。

　品質や性能の差が価格に反映される場合もあるが、それほど差がなくてもプレミアム価格で販売されている場合もあれば、反対に通常より安い商品もある。たとえば「ダイソン」の掃除機は、同等性能と品質の掃除機よりも高価格だ。プレミアム価格とはこの差のことである。

　価格は品質や性能だけでは決まらない。いくら企業がプレミアム価格を設定しても、消費者がそれに納得しなければ商品は売れる（購入される）ことはない。また、設定された価格が値崩れせずに販売されるには様々な工夫が必要だ。そこには企業の戦略的な価格設定と、それを可能にする、その他のマーケティング・ミックスとの連携や関連企業とのやりとりの工夫がある。価格戦略はマーケティング・ミックスの一つであるが、売上や利益に直結する非常に重要な要素である。本章はサントリーのプレミアムモルツの事例からプレミアムビール市場の創造を見ていくことで、価格戦略による顧客創造について考える。

2 ザ・プレミアムモルツの価格マネジメント

❖ ビールの市場状況

　サントリーの「ザ・プレミアムモルツ」（以下、プレミアムモルツ）の発売当初であった2003年は、国内のアルコール市場は高齢化と人口減少、若年層の飲酒離れ、一人当たり飲酒量の減少などのマクロ的要因から縮小していた。さらにビール市場自体もワインや焼酎などの他のアルコールブームの影響や低価格のビール類の登場、大手量販店や酒の激安スーパーの値引き競争などの逆風が吹いており非常に厳しい環境にあった。低価格のビール類とは発泡酒と第3のビールを合わせたもの

44

第4章　価格による顧客創造

【表4‐1　ビールのカテゴリーと価格差（2016年の相場）】

カテゴリー	2016年の平均的相場	価格差（スタンダードビールから）
プレミアムビール	200－220円	＋20～＋30円
スタンダードビール	170－180円	0円とする
発泡酒	120－130円	－50～－60円
第三のビール	100－105円	－70～－80円

出所：筆者作成

を指す。ビール類は2016年現在、酒税法の規定で麦芽の使用量によって次の3つに分けられており、ビール（麦芽比率66.6％以上のもの、スタンダードビール）、発泡酒（同25.2％未満のもの）、第3のビール（麦芽使用なし）に分類される（各カテゴリーのビール価格については表4‐1参照）。アルコール全体の消費量が下がる中、スタンダードビールはその中では最も消費量が多かったが、それでも1994年のピーク時と比較すると約4割にまで消費が落ち込んでいた。それは先に述べたマクロ的要因のほかにも酒の消費が多様化してきていたこともある。1つは、他のアルコール類の消費が増えたことであり、ピーク時から右肩下がりのビールの消費減少に対して、ワインや焼酎の消費量は1989年と比較すると2倍近い消費量となっていた。2つめには低価格のビール類の消費が増えたことだ。発泡酒と第3のビールを合わせた低価格ビール類は、当時スタンダードビールとほぼ同量の出荷量にまでシェアを拡大していた。景気減速によって家で飲むことが増え、低価格ビール類の消費が定着し、消費者はますます価格に敏感になっていた。これが店頭でのビール価格の競争を加速させていた。このような状況で、サントリーは高価格のプレミアムビールを発売した。

❖ プレミアムモルツの発売

　発売時はスタンダードビールより1缶あたり30円から40円高く、ホテルでは一杯100円から200円のプレミアム価格を設定していた。プレミアムモルツは2008年に1000万ケースを突破する大ヒットを記録したが、サントリーのビール事業はそれまで46年間も赤字が続き、キリン、アサヒ、サッポロに次いで業界最下位を低迷していた。そのサントリーが通常より高い価格設定のビールを発売し、万年最下位のビール事業で初めての黒字化と初の業界第3位を達成した。2009年には他のビールの多くが対前年比でマイナスの中、＋110％の伸びをみせ、6年連続で

❖ 第1部　顧客創造のデザイン

【写真4-1　サントリー　ザ・プレミアムモルツ（2015年）】

出所：サントリーホールディングス株式会社

　過去最高販売数量を更新した。長年赤字続きだったサントリーがなぜ、高価格ビールをヒットさせられたのだろう。「値引き以外に売れない」と嘆く業者が多いなか、割高なビールが売れる仕組みをどのようにつくっていったのかを考えるのがここでの内容である。

　価格が高くてもヒットしたのは品質がいいだからだろうか。たしかにプレミアムモルツは麦芽100％、天然水と、品質や製法にこだわっている。しかしそれだけでは必ずしもヒットしないし、消費者は高いお金を払ってくれない。品質と製法にこだわった地ビールがその例だろう。ご当地で細々と売れることはあってもヒット商品にはならない。

　またプレミアムモルツはコクと華やかな香りが特徴で当時の日本人には飲みなれた味わいではなかった。最も売れていたアサヒのスーパードライに代表されるように、当時は味わいよりもキレと喉ごしがビールのトレンドだった。そのため価格も高くテイストもこれまでと異なるビールをヒットさせるには戦略的なマーケティングが必要であった。材料・品質・製法にこだわったからといって高価格に設定しても（Price）、それだけでは高い価値があることを消費者に受け入れてもらえない。それには他のマーケティング・ミックス（4P）との連携がポイントとなる。

❖ 「ハレの日のビール」

　そこでまず飲食店に置いてもらう活動をした（Place）。しかし業界最下位の会

第4章　価格による顧客創造 ❖

社のビールを置いてもらうのは容易ではなかった。しかも通常より価格が高い。そのため営業には何らかの工夫が必要であった。プレミアムモルツのブランドとしてのプレミアム感とそれに支えられる価格をいかに伝えるかが課題で、ブライダルや高級バー、ホテル、老舗飲食店を中心にハレの場のビールというイメージをしっかり定着させることが鍵となった。

　まずプレミアムモルツの売りは「そのためなら高いお金を支払ってもよい」と考えるプレミアム感という付加価値であることを理解してもらうことが最優先と考えた。ホテルは顧客に特別感という付加価値を売る点で獲得したい顧客が重なる。それはハレの場での使用（飲用）という点が共通するからだ。そこでホテル向けの営業を重点的に展開し、ここを訴求した。消費者がホテルを訪れるのは「ハレの日」である。ハレの日とは祭りや結婚式をはじめとしたおめでたい特別な日をさす。ホテルの売上の約4割はブライダルや就任パーティーなどの宴会でプレミアムビールにはぴったりの場であり、「ハレの日にふさわしい最高金賞のおいしいビール」として、価格は高いが同時に客単価も上がることをアピールした。ビールといえばどこか平凡で、近年は宴席でも華やかなシャンパンやワインなどが増え、消費量は減少傾向にあった。しかし、ビールであっても「プレミアムビール」を宴会で採用してもらうことで、顧客にとっても自分の大切な客に特別なビールでもてなしているという好印象を与えることができる。

　その他、飲食店向けの工場見学を実施して製造工程を伝え、材料や製法にこだわって作られていることを体験してもらった（Promotion）。また香りを楽しめる形状のグラスでの飲用を提案し、ビールで香りやコクを楽しむという価値を創造し、従来のビールとの違いを訴求していった。さらに大型店舗へ社員を派遣し注ぎ方の実演活動を行ったり、飲食店の生ビールサーバーの掃除指導をして、多くの店でサーバーを毎日洗浄してもらえるようになったりと、注ぎ方のプロセスまで管理することで「ハレの日」にふさわしいビールの価値を実現していった（製品（Product）、プロモーション（Promotion））。これらはプレミアムなビールとしてのブランド認知度を上げ、ファンを増やしていく活動であり、それを通じてプレミアムビールを購入する顧客を創造してくれるよう取扱い店への働きかけである。

❖ 「小さなハレの日」による小さな贅沢

　消費者への訴求では、ギフトや「家飲み」でのプレミアム感を出すためパッケー

❖ 第1部　顧客創造のデザイン

ジにもこだわり、紺とゴールドの斬新で高級感のあるデザインでプレミアム感を出した。よりダイレクトには、2005年から3年連続でモンドセレクションの最高金賞を受賞し殿堂入りを果たしたことがあげられる。これは日本初の快挙で、この受賞でイメージが大きく変わり、プレミアム価格でも広く受け入れられるようになっていった。そこで「ちょっとした贅沢」というコンセプトでそれを強化していくことになる。

　まずテレビコマーシャル（以下、テレビCM）で、せっかく贈るならプレミアムモルツというコンセプトのもと、ギフト市場でもスタンダードビールとの差異化を図った。ギフトとしてのビールは陳腐化していたが、プレミアムモルツは先の賞での殿堂入りもありギフトの贈り手と受け手双方に特別感を持たせることができた。その結果、ギフト市場が大幅に縮小する中で2009年度はプレミアムモルツだけが前年の売上を1割上回った。ギフトの割合は全体の10％程度だがそれ以上の効果がある。それはギフトをきっかけに贈り主はお礼を言われてまた贈り、贈られた側もそれをきっかけに飲み始めたり次は別の人に贈ったりするからだ。実際にプレミアムモルツの2割の消費者はギフトがきっかけだという。

　さらに、初期はギフトや宴会を中心にハレの日（主に盆暮れ、正月、父の日など）に飲用されていたが、それ以外にも飲用を広げるプロモーションを実施していった。プレゼンがうまくいった、仕事で褒められたなど、自分へのご褒美として「小さなハレの日」をたくさん提案し、小さな贅沢として飲用機会を増やすプロモーションでの販売拡大を狙った。例えば「金曜日はプレモルの日」というキャッチコピーで一週間頑張った自分への労いとしての飲用を提案した。また、これまで家庭でのちょっとしたご褒美やお祝いシーンには、日常感が出てしまうビールではなくシャンパン、ワインの選択が増えていたが、こういったシーンでもプレミアムモルツを選択してもらえるよう働きかけていった。①スタンダードビールではなくプレミアムモルツを選択するためのプロモーションと、②その他のアルコール飲料からプレミアムモルツへの移行を促進する、2つのタイプで消費者への働きかけを行っていった。このようなメーカーのプロモーションは消費者への直接的な訴求であると同時に販売店へのアピールともなり、店頭でのプレミアム価格を支えるはたらきもする。

　しかしデフレの波は避けられず、また他社も追随してプレミアムビール市場へ参入してきたことから徐々に値引き販売されはじめた。店頭価格は飲食店の裁量で決まるため、口出しすることができない（コラム4-1、図4-1参照）。販売数量と

48

【写真4-2 「ザ・プレミアムモルツ　マスターズドリーム」（2015年）】

出所：サントリーホールディングス株式会社

　消費量が増え続けて一般化すると、商品は陳腐化し値崩れを起こす。これをいかに防いでメーカーの想定する価格に近い価格で販売してもらうか、価格の維持と管理はメーカーにとって重要である。例えばビール各社はテレビCMやシールを集めて賞品を応募するなどのキャンペーンで自社ブランドの継続飲用を促し、価格競争と値崩れを防ぐ工夫を行っている。しかしこれらの方法による価格維持にも限界がある。

　実際、近年のプレミアムモルツは値崩れがみられるようになっていた。そこでサントリーは2015年3月、醸造家が約10年かけて開発したこだわりのビールというコンセプトで「ザ・プレミアム・モルツ　マスターズドリーム」を発売した。プレミアムモルツよりもさらに2割ほど価格が高い、最上位カテゴリーである。醸造家たちのこだわりや「夢」の実現は別にして、これもプレミアム戦略として位置づけられる。マスターズドリームは特別なギフトとしても成立するし、高級ホテルのバーや上質な飲食店など、あらたまった席や特別な日、特別な人との会食など、人によってはこれまでのビールがふさわしくないと思われたシーンでも選択肢となり、新たな市場を拡大している。

❖ 第1部　顧客創造のデザイン

> コラム4-1

店頭での価格設定：2つの価格設定

　小売店での商品価格は、書籍や音楽著作物、新聞など一部の例外を除いて、店舗が決める。店頭にある商品は小売業者がメーカー（や卸売業者）から仕入れた（＝商品を買い取った）からであり、一旦仕入れた商品の所有権は店側にあり、いくらで売っても構わない。そのため、メーカーが流通企業の販売価格（再販価格）を拘束することは、不公正な取引方法に該当する。これは独占禁止法に明記されている。

　同時にメーカーはそれに対して2つの方法をとる。一つは自分たちが販売するならこれくらいの値段になります、という情報を提供する。これがメーカー希望小売価格といわれるもので、これを基準にしてわれわれ消費者は、小売店頭での値引率や値ごろ感を感じる。

　2つめは、メーカーは卸売業者や小売業者に出荷価格だけを提示し、それ以外は不問という方法で、

　オープン価格とよばれる。つまり販売する商品に対して希望小売価格を具体的に定めない方法で、ビールの場合は各社がオープン価格を採用している。

　図4-1はこの違いを表している。メーカー希望小売価格がある場合は、これまでメーカーは、小売業者に対しては、「この価格（ぐらい）で売って下さい、あとで出荷量や価格遵守度に応じて特典を提供します（リベートという）」といっ

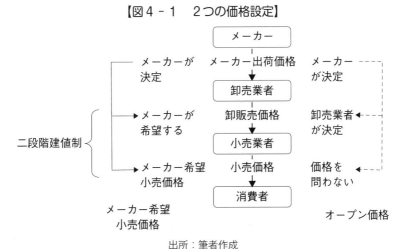

【図4-1　2つの価格設定】

出所：筆者作成

た販売奨励方法を提案してきた。卸売業者に対しては、「メーカーの出荷価格に対して、○%の利益で販売する」ことを奨励してきた。こういった卸と小売に対して2つの価格指示をすることを、2段階建値（たてね）制と呼んできた。これは卸売業者や小売業者などの商業に対して、ある種の利益保証になっている。

近年、オープン価格が多く採用されるようになってきたのには、メーカー希望小売価格のそういった各店舗への販売奨励方法が複雑になりすぎたこと、小売店の利益は各自で判断して適正にあげてもらえればいいと考えるようになってきたこと、さらに安売りの印象によるブランド力低下を防止するためであるといわれる。ちなみに、メーカー希望小売価格、参考価格、当店通常価格とよばれるものは内的参照価格に対して、外的参照価格という。

第4章

3 価格戦略による顧客創造

ここまで、事例を通じて価格を軸に新たに顧客を創造するプロセスについて確認してきた。既存市場での競争激化という厳しい環境で高価格なプレミアムカテゴリーを創造し、顧客を創造するには製品そのものだけでなく、消費者への訴求、取扱い企業へのマーケティングでの働きかけも重要なポイントであったことが理解できただろう。ここから価格の設定と維持・管理について理論的に考えてみよう。

❖ 価格の3つの意味

モノの価格はどのようにして決まるのか。経済学の教科書では需要と供給が均衡するところで決まるとされる。卸売市場で取引される鮮魚や青果、花の価格が典型的な例だ。しかし実際はメーカーの商品価格はそのように決まらない場合が多い。現在、日本はモノ余りの時代（供給超過の状態）にある。たしかにデフレが続きモノの価格は近年下がり続けていたが、一方では高価格商品もよく売れている（消費の二極化がすすんでいる）。価格を高くすると必ず需要が減るのではないし、安くするとかえって売れなくなるものもある。たとえば高級車や高級ブランド商品だ（威光価格という）。また他の商品より安いと品質への疑念を抱くこともあるだろう。つまり価格には3つの意味があり、①支出の痛みであると同時に、②品質のバロ

❖ 第1部　顧客創造のデザイン

メータであり、③社会的プレステージを表す（②と③は価格の価値提案機能という）。プレミアムモルツはスタンダードビールより高い価格設定で、理論的には価格によってもプレミアムなビールという価値を消費者に提示していることになる。ただし、高い価格設定イコール即、消費者や取扱い企業がプレミアムなものだと受け入れることにはならない。それを納得してもらうためのマーケティング・ミックスを通じた活動が不可欠である。価格だけでなくパッケージや品質にもこだわったり、何らかの賞を受賞することでアピールしたり、使用するシーンを提案したりテレビコマーシャルで訴求したりなどである。価格とは消費者や取引企業（この場合は飲食店や流通企業）との価格を通じたコミュニケーションでもあるのだ。

❖ 価格に影響するもの

　値下げこそあれ、価格を上げることは難しいと考えられていたビール市場で、サントリーはプレミアムビールというカテゴリーを創り出して顧客を創造し、大ヒットさせた。しかしプレミアムモルツの高業績を受けて他社の参入が相次ぎ、次第に価格競争へシフトしていくことは避けられなかった。価格はメーカーの思惑だけでなく様々な外部要因の影響を受ける（図4-2）。企業は価格を設定するだけではなく、設定価格を維持し管理することが必要であるが、価格は競争の状態、取引関係、そして製品ライフサイクルの段階に影響される（図4-2）。つまり消費者、競争者、流通業者との関係をマネジメントすることが重要となる。

　プレミアムモルツの価格の設定と維持は、消費者や流通業者に対して付加価値を提案するマーケティング活動で支えられていた。プレミアムなブランドとしてロイ

【図4-2　価格に影響を与える外部要因】

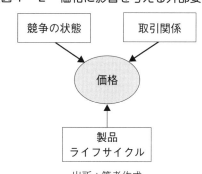

出所：筆者作成

第4章　価格による顧客創造

ヤルティを構築し値崩れを防ぐ工夫である。ブランドロイヤルティとは特定のブランドに対する強い好みのことであるが、これを構築できれば価格マネジメントは比較的やりやすくなる。

❖ 価格設定：プレミアム戦略と低価格戦略

　近年、プレミアムラインを出して新しいカテゴリーを創造するマーケティングがしばしば見られる（プレミアム戦略）。スナック菓子でも有名百貨店のお菓子フロアに売り場を構えているものも多い。たとえば、カルビーのプレミアムポテトチップス「グランカルビー」、グリコ「バトンドール」（共に一箱500円程度）などがある。これらは有名百貨店で美しいパッケージや高級なイメージと接客で高価格で販売されているが、消費者が長い行列をつくる人気商品だ。スナック菓子は通常、家庭や職場で気軽に食べる安価なものが一般的であるが、これらの製菓会社はプレミアム価格のものを発売することで、これまでとは異なる顧客を創造することに成功した。たとえば、あらたまった訪問先へレアな手土産として購入するなど、これまでのスナック菓子のターゲットとは異なる新たな顧客を創造した。

　価格による顧客創造はプレミアム価格戦略だけではない。低価格戦略もありうる。たとえばZARAやH&Mなどに代表されるファストファッションがその例としてあげられる。これらは縫製や素材などの品質ではなく、ファッション性と低価格を売りにした商品展開を行っている。消費者は着心地や素材、長持ちという品質ではなくトレンド感を重視して購入するため、シーズン中に気軽に何度も購入できる点を評価し購入する。既存の「安いが品質の悪い服」ではなく「安いがトレンドの服」というこれまで明確にはなかったカテゴリーを創造したのだ。こうしたファストファッション・ブランドは、低価格戦略による顧客創造の一例だ。100円均一ショップやコンピュータのDELLなどもその一つだ。これらはそれまでの常識的な選択基準では選択肢から除外していた商品が、低価格というコンセプトを打ち出すことで商品の意味づけ自体が変わり、新たな顧客を獲得することに成功している。何も新しい商品を世に出して成功するだけでなく、同じような商品でも効果的な価格戦略の採用で新たなカテゴリーや新たな市場を創出することができる。プレミアム戦略でも低価格戦略でも、戦略的な価格設定とそれを支える仕組みで、市場や顧客を創造することができる点がポイントだ。

❖ 第1部　顧客創造のデザイン

コラム4－2

価格の設定方法

　メーカーはどのように価格を決定しているのだろう。価格の決め方は大まかに、①コスト志向型設定法、②需要志向型設定法、③競争志向型設定法に分けることができる。かつてはコスト志向型設定法が一般的であった。例えばコストプラス法、マークアップ法、損益分岐点の活用などはこのコスト志向法による価格設定のやり方である。それらは共通して、製造原価や営業費等を積み上げて、メーカーの利益と流通の取り分を加えて大まかな小売価格を決定し、そこに競合他社ブランドの価格を参考にして実際の価格を決めるというやり方である。これはメーカーが流通業者をコントロールするのには便利な手法だが、問題もあった。それは、消費者の感じる価格を無視しており、競争の観点が抜け落ちやすいという点である。かつて消費者は判断力が低く、価格によって価値を判断する傾向があった（価格の品質バロメータ機能―本文参照）。しかし現在はメーカーと消費者との間の情報格差が縮まり、単純なコストプラス法でつけられた価格では商品は売れなくなってしまった。そこで企業サイドの見地からだけでなく、消費者や競争の見地からの考え方を価格決定に取り入れる工夫がなされるようになり、②需要志向型の価格設定や、③競争志向型の価格設定が出てくることとなった。②の需要志向型の価格設定はコストよりもむしろ需要に重点をおいて価格を設定する方法で、価格と需要の関係や価格に対する顧客の知覚評価などを踏まえて、需要者側の視点から価格設定することを優先させる方法である。例としては慣習価格法、威光（名声）価格法、端数価格法などがある。③の競争志向型の価格設定は、競争企業の価格を基準として価格を設定する方法で、代表的なものとしては実勢価格法と競争価格法がある。実勢価格法は業界で主導的な地位にある企業の製品価格（プライスリーダー）を基準に設定される価格であり、たとえば下位の企業は上位の企業とほぼ同じか低い価格にすることが多い。競争価格とは、市場シェアの向上による競争優位や市場拡大を図るために設定される価格で、市場の成長期に採用されることが多い価格設定である。しかしこれを成熟期に採用してしまうと、他企業と価格競争に陥ってしまうことが多いので注意が必要である。

❖ 価格の維持：取引企業との関係のマネジメント

　商品の取引企業との関係は価格維持に影響する。本章の事例では商品の直接的な

第4章　価格による顧客創造

取引企業はプレミアムモルツを扱ってくれる小売業者や卸売業者などの流通企業のことである。価格の維持と管理には消費者とのコミュニケーションだけでなく、商品を販売してくれる流通企業とのビジネスのあり方も重要な要素となり、それはよりダイレクトに利益を左右する。プレミアムモルツの場合、極端な値引き競争とならないように店頭での価格はオープン価格を採用している。メーカー希望小売価格を設定すると「○円値引き」と店頭競争を促進してしまうおそれがあること、そしてそれがブランド価値を損なう可能性があるためだ。メーカーは店頭での値引き競争を緩和するためにCMなどのプロモーションに投資するが、それはブランド力の維持による消費者への直接的な働きかけのためだけでなく、流通企業へのアピールにもなり価格を支える一助となる。

　その他の事例として、生産と物流の調整で価格をコントロールする企業努力もある。たとえばカルビーは営業のノルマを廃止し、ポテトチップスは売れる分だけを売れるタイミングで小売業者に納入する仕組みを作った。多頻度小量での生産とそれに合わせた多頻度小口物流である。商品を作りすぎると店頭への無理な営業となり、結果、小売業者に必要以上の在庫として蓄積される（過剰在庫という）。その過剰在庫分は在庫スペースの問題や決算、鮮度のこともあり（スナック菓子でもあまり古くなると味も落ち、油の酸化で見た目も悪くなる）、結局は安売りを招く。つまり値崩れが起こる。小売業者は値下げをしても売上や利益目標を達成しようと、なんとか商品を売り切ろうとするからだ。仕入れた商品の価格設定は店側の自由で、在庫整理のためや鮮度を保っているうちに値下げによって商品を一気に売り切ってしまうのだ。しかしそれが常態化してしまうと、安売りのイメージがついてブランド力の低下をまねき、価格を下げなければ売れない悪循環を生む。これを防ぐ工夫として、カルビーは必要な分だけを小口で生産し販売する仕組みを構築した。

　価格を設定すると、値上げはもちろん値下げもむつかしい。価格を設定しても維持する工夫が必要なのは、消費者は内的参照価格をもつようになるためだ。内的参照価格とは簡単に言えば「値ごろ価格」のことで、広告や安売りなどの新たな情報を得る度に常に変化する。消費者は心の中にある内的参照価格よりも高いと感じるとその商品を購入しなくなる。つまりスポット的なセールによる値下げを頻繁にしてしまうと、通常価格では「今日は高い（から買わないでおこう）」となってしまうわけだ。また値上げと値下げでは、値上げのほうが印象が強いとされる。500円だと思っていた商品が店頭で550円だった場合と600円だと思っていた商品が550円だった場合では、同じ50円の差でも、前者の「損した！」と感じる悔しさ

55

◆ 第1部　顧客創造のデザイン

のほうが後者の「得した！」と感じる喜びよりも大きいという。小売店頭ではメーカーの思惑に反して安売りによる販売増に努力を傾けることが多々あるが、このようなことからも、メーカーは小売業者と協力しつつ価格の維持に努めることが重要だ。単に価格を下げるだけでは、持続的な市場形成は望めない。ターゲットとする顧客が重視する価値は何かを理解する。そして、その価値は維持・向上させつつ、他の価値の水準を見直すことによって、価格、価値、コストとの関係を見直す工夫が必要になる。

4　おわりに

　サントリー・ザ・プレミアムモルツの事例を通じて、低価格化が進行する市場においても、価値の創造とその実現のための製品、コミュニケーションを組み合わせることによって価格を引き上げることができることを確認できただろう。価格は他のマーケティング・ミックスと比べて変化させることが容易で、何らかの価格政策（たとえば割引、クーポン、値下げ）で即効的な効果も期待できる。一方で、価格の変化に対する需要の反応の度合い（需要の価格弾力性）は一様ではない。安易な価格変更だけで競争に対応しようとするのには注意が必要である。消費者が購入してもよいと考える価格の上限（留保価格という）をもってしまうこともあるからだ。
　様々な支払条件や支払方法も価格戦略の1つである。利便性のある支払方法を考案したり、ICTを活用して、たとえばレジで顧客の特徴に合わせてクーポンを出したり特別価格を提案したりするなど、時間、時期、地域、顧客ごとにより効果的な価格戦略を練ることも、今後注目されるだろう。

考えてみよう　参考文献　次に読んで欲しい本　はこちら☞
(http://www.sekigakusha.com/md/md04.html)

第**5**章

チャネルによる顧客創造
─ネスレ日本　ネスカフェ アンバサダー

1　はじめに
2　ネスレ日本「ネスカフェ バリスタ」と「ネスカフェ アンバサダー」
3　チャネル構築
4　チャネル管理
5　おわりに

❖ 第1部　顧客創造のデザイン

1　はじめに

外資系のスターバックス、タリーズ、コンビニのセブン‐イレブン、ローソン、外食のすき家、マクドナルド、サンマルク、国内コーヒーチェーンのドトール、ベローチェ。

名前を覚えるのも大変なぐらい、多くの企業が、コーヒービジネスで勢力を伸ばしている。このような多くの企業が市場参入し、シェアを奪い合っているコーヒービジネスの動向にはどのような新たな変化が、生まれているのであろうか。

ここ数年のコーヒービジネスの動きは、単にコーヒーの味だけでは語りきれなくなっている。そこでは従来のマーケティングとは何が異なり、どのような変化が起きているのか。

現在、新商品は競合他社にすぐさま模倣されるため、いかなる性能もすぐに廃れて、価値が減ってしまう。では今後、競合他社と差をつける鍵をどこに見出せばよいのであろうか。

その答えのひとつが「流通チャネル（以下、チャネル）」である。

本書ではとりわけ具体的に、コーヒービジネス分野で活躍するネスレ日本を事例に、そこで使われているチャネル（ダイレクトチャネル）は、従来のチャネルと何が異なり、どのような変化が起きているのかを考察する。

答えを先取りすれば、新たな市場を攻略する上では、新しいチャネル構築が必要ということである。言い換えれば、コーヒービジネスで新たなチャネルを構築することで、新たな顧客創造（市場を創ること）が可能となったということである。従来のチャネルでは、コーヒー販売としてのメーカーと顧客の接点は、スーパーやコンビニエンスストア（以下、コンビニ）しかなかった。それをネスレは職場に接点を形成し、新たなチャネルを構築した。わかりやすく言えば、チャネルに顧客を組み込み、職場でのコーヒー消費量を増やすチャネルを構築することで、顧客創造を可能にしたということである。

本章では、現在のコーヒービジネスを通じて、チャネル構築が「顧客創造」につながる「チャネル・マネジメント」という考え方を学ぶことにしたい。

2 ネスレ日本「ネスカフェ バリスタ」と 「ネスカフェ アンバサダー」

❖ コーヒーを取り巻く問題

　喫茶店に行かなくては味わえなかった味が、ドトールコーヒーの台頭によって安価でそれを味わうことが可能になったのが1980年代である。その後、1996（平成8）年以降、外資系企業スターバックスコーヒー（以下、スターバックス）の日本市場参入と拡大によって質の高いコーヒーも種類豊富に味わえるようになった。このスターバックスの浸透により、市場参入の敷居が下がったことで外資系タリーズに続き、国内コーヒービジネスに参入する国内企業もベローチェ、サンマルク等、急増した。この2000（平成12）年以降の増加により、コーヒーを飲む習慣のなかった若年層に、コーヒー飲用の習慣が根づき、レギュラーコーヒー（コーヒー豆を焙煎して挽くコーヒー）市場は、1990年と比較し、1.5倍の伸びを現在示している。

　その後、2008（平成20）年のマクドナルドのコーヒー市場への参入により、ファストフードが相次いで市場参入し、現在、セブン‐イレブン、ローソンなど、コーヒー市場はコンビニエンスストアが台頭する複雑な状況となっている。言い換えれば、コーヒー消費量世界第4位の日本で、その「飲用場所」に変化が起きている。

　このコーヒー市場の構造は、コーヒー（コーヒー系飲料を含む）の飲用場所から2つに分類できる。1つは、家庭内コーヒー市場、2つ目は、家庭外コーヒー市場である。

　家庭内コーヒー市場は主に、インスタントコーヒー（粉末コーヒー）と、レギュラーコーヒー、スティックコーヒーで形成されている。一方、家庭外コーヒー市場には、缶コーヒー、コンビニ、喫茶店・カフェ、ファストフード等に分類される（食品産業新聞社）。

　2014年の調査では、インスタントコーヒーの国内消費量は、1週間あたり平均約4杯である。内訳は、職場が約28％、家庭内が約70％となっている。職場では自動販売機やコンビニでの購買が多い（全日本コーヒー協会）。

❖ 第1部　顧客創造のデザイン

【図5‐1　日本のコーヒーの飲用場所：種類別、一人1週間当たり杯数】

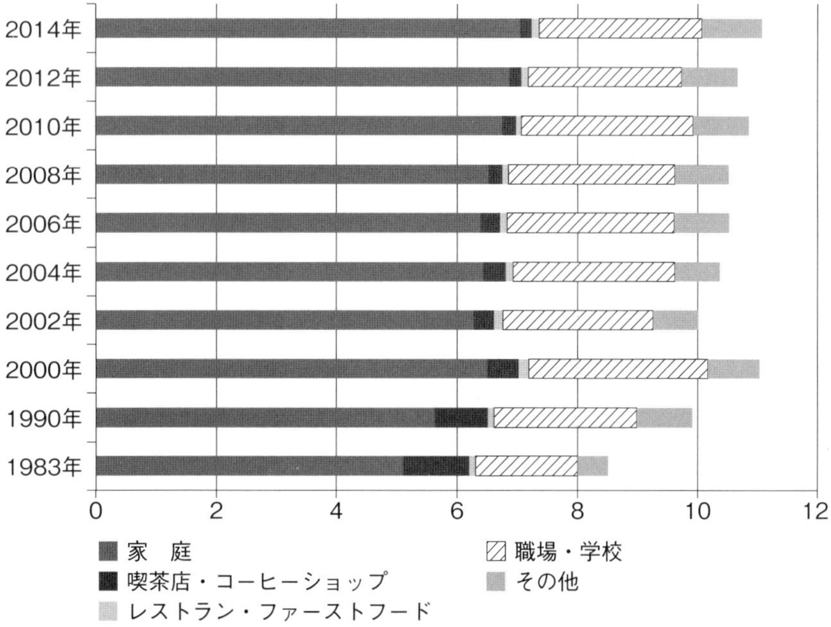

凡例:
■ 家　庭
■ 喫茶店・コーヒーショップ
■ レストラン・ファーストフード
▨ 職場・学校
■ その他

出所：全日本コーヒー協会［2015］『コーヒーの需要に関する基本調査』

　インスタントコーヒー（ネスレ日本は、2014年7月24日から、インスタント
コーヒーをレギュラーソリュブル（以下ソリュブルコーヒー）コーヒーへ表記を変
更）は、コーヒー抽出液をスプレードライやフリーズドライの製法によって乾燥し、
粉末あるいは固形化して瓶等にパッケージ化された商品である。いつでも、どこで
も保存ができ、お湯を注ぐだけでコーヒーを飲むことができる利便性が評価され、
日本全国の家庭やオフィスに浸透した。しかし特に職場におけるインスタントコー
ヒーの需要は、後述するように80年代後半から、減少傾向となった。

❖ 職場市場

　次に職場市場について、その変遷も含めて確認しよう。
　経済成長期には手軽な飲み物として、瓶詰めのインスタントコーヒーが、職場の
給湯室に常備されていた。企業では、効率に重きを置く傾向が顕著で、重宝された。
　女性総合職の少ない1970年代から1980年代にかけて、企業では、女性社員が

60

第5章　チャネルによる顧客創造

コーヒーを淹れることが慣習化していた。しかし1985年、男女雇用機会均等法の成立とその普及以後、それは過去のものとなっている。その後、1990年代初頭から後半までのバブル期を経て、職場ニーズは、コーヒーのケイタリング（職場に出向いてコーヒー提供）以外には、社内自動販売機での缶コーヒー、そしてドリップ型コーヒーサービスへと形を変えていった。ドリップ型コーヒーサービスとは、ユニマットなどの企業によるコーヒーサーバーのレンタルサービスである。ユニマットは、職場へのコーヒーサーバーをレンタル契約すると、毎月一定のコーヒー豆、砂糖やミルク、コップの購入が必須とされており、ランニングコスト（運用にかかる費用）によって回収するシステムとなっている。その後、本格的ドリップコーヒーが職場で一杯19円で飲めるサービスを提供する企業も登場し、職場では、コーヒーは欠かせないものになった。

　2000年代に入ると、維持コストとスペース削減のため、それらドリップ型コーヒーの自動販売機、缶コーヒーの自動販売機共に撤去するオフィスが増えている。

コーヒー製品の流通

　次にコーヒー製品の流通について説明しよう。

　通常、メーカーから直接、顧客のもとに、コーヒーが渡ることはない。生産されたコーヒーは、卸売業者によって、小売業者にたどり着き、その後、顧客のもとに渡る（図5-2）。

　本来なら製造・加工業者であるコーヒーメーカー（以下、メーカー）が販売機能まで果たせれば問題ないが、1パックのコーヒー粉末を売るためだけにメーカーが小売機能を保持することは、非効率となる。それよりも、卸売業者の手によって百貨店やスーパー、コンビニエンスストア、ディスカウントストアなどへ流通する。

　しかしながら、メーカーが、良い製品を開発し、その後は卸売業者と小売業者に任せたままで良いかといえば、そうではない。顧客と製品との接点を創り、他社製品との優位性を訴求しながら、顧客の満足を少しでも高めるため、チャネルの構築とチャネルの管理を行う必要がある。

アンバサダーの成果と広がり

　コーヒー製品メーカーは既存チャネルによって家庭内市場に対するチャネルを確

❖ 第1部　顧客創造のデザイン

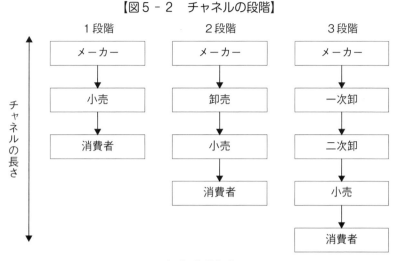

出所：筆者作成

保していた。しかし職場市場については、コーヒーを飲用する機会はあるものの、チャネルの構築ができていなかった。

　家庭外のコーヒー市場の可能性を発見し、職場の市場開拓の必要性を実感したネスレ日本は、2009年、職場向けに家庭用コーヒーマシン（「ネスカフェ　バリスタ」）（以下、バリスタ）の販売を開始した。そして2012年には、そのバリスタを職場に設置する「ネスカフェ　アンバサダー」（以下、アンバサダー）という新サービスの提供を開始した。前述のユニマットのコーヒーサーバーによるサービスは、ネスレのアンバサダーのモデルに近いが、大きく違うのが、この「アンバサダー」の存在である。アンバサダーに応募し、審査をパスすると、バリスタがオフィスに無料で提供される仕組みである。

　2009年発売のバリスタは、2015年12月には累積販売台数300万を超えた。

　バリスタに「ネスカフェ」の詰め替え用カートリッジをセットすれば、湯を沸かす手間を省き、ボタン1つで5種類のカフェメニューを楽しむことができる。定番商品である「ネスカフェ　ゴールドブレンド」以外に「ネスカフェ　香味焙煎」など用意されている。

　アンバサダーを導入した職場は、1杯約20円でカフェと同等の品質のコーヒーを楽しむことができ、自動販売機で缶コーヒーやドリップ式コーヒーを買うより安くすむ。コーヒーマシンのメンテナンスも簡易で、故障した場合でも無料で修理し

第5章　チャネルによる顧客創造

コラム5－1

チャネルのコンフリクト発生要因とその解決

　流通チャネルを構成するメンバー間では競争や対立が発生する。このような対立をチャネルのコンフリクトという。チャネルのコンフリクトは、それぞれのメーカーが自社に有利となるようにチャネルに働きかけを行うことによって行われるパワー行使によって発生する場合が多い。チャネルにおけるパワー行使として、報酬パワー、制裁パワー、情報や専門パワー、一体感パワー、正当性パワーがある。パワー行使とは自社に有利になるように、統制をするための手段である。

　報酬パワーとは、メーカーから流通企業に対して目標達成に際して与えられる経済的報酬をいう。経済的報酬の具体例はリベート、特定地域の独占販売などである。制裁パワーとは、メーカーが流通業に対して目標達成に協力しなかった場合に行われる措置である。出荷制限や取引停止などがこれにあたる。

　情報や専門性パワーとは、メーカーが保有する情報のうち何をどこまで伝えるかを管理することである。一体感パワーは、流通企業に対して共感、帰属意識を生み出すことである。正当性パワーは、流通企業に対して自社（メーカー）に影響を及ぼされることが正当と認識してもらう状況をつくることである。法律、業界慣習、過去の企業との関係などもこれにあたる。

　チャネルコンフリクトを放置すればチャネルは崩壊し、コストがかさむだけではなく利益機会までも失いかねない。チャネルのコンフリクトは、(1)目標・権限責任（役割）の不一致、(2)事実認識の不一致、(3)保有資源の差、(4)コミュニケーションの混乱、などが考えられる。並行してチャネルを複数構築した場合、チャネル間競争の激しさが増し、チャネル同士の値引競争などの例がある。

　チャネルのコンフリクト解決方法として、一般に、強制解決と非強制解決、の2つに区分される。前者として、「限定的チャネルの再構築」「ブランド・ロイヤリティの強化」「取引方法の変更」、後者として、「コンサルティング」「教育・訓練の実施」「プロモーション支援」「技術支援」などが考えられよう。

第5章

てもらえる。さらに、ネスカフェを定期購入すれば、実費の20円は更に割安となる。

　職場市場の攻略を目指したこのチャネルの構築は、各々の職場やコミュニティにアンバサダー（全国登録者25万人以上、2016年7月現在）という世話係を組み込む仕組みである。アンバサダーの主な役目は、コーヒー代金の回収および注文、

63

❖ 第1部　顧客創造のデザイン

【写真5‐1　ネスカフェ　アンバサダー】

出所：ネスレ日本

さらにマシンの簡単な掃除やコーヒーカートリッジの交換などにある。その見返りとして、自宅用マシン1台無料かショッピング用ポイント2,000円分のどちらかを選ぶことができる。

　アンバサダーはマシンのメンテナンスから、口コミの伝播、代金回収まで引き受けてくれる存在といえよう。言い換えれば、ネスレ日本がサービスの管理を、アンバサダーに任せるメーカーと顧客による協働の仕組みである。

　アンバサダーの普及により、職場においてバリスタで淹れたコーヒーの味に満足した層が、今度は家庭用に、バリスタを購入するケースも急増している。すなわち、アンバサダーが新たなチャネルとなり、家庭需要も拡大しコーヒー売上が拡大している。

　以上のように、カフェと同等の品質のコーヒーを職場で安く、手軽に飲めるのが、新たなチャネル、アンバサダーの仕組みである。

第5章　チャネルによる顧客創造

【図5-3 「ネスカフェ アンバサダー」の仕組み】

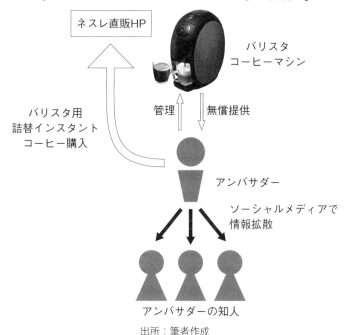

出所：筆者作成

3 チャネルの構築

❖ 新たなチャネルの構築

　コーヒーを飲用する場所は、1位が家庭（平均7杯/週）、2位が、職場・学校（2.7杯/週）となっている（全日本コーヒー協会）。しかしながら、ネスレ日本の市場占有率は、家庭向けが37％に対し、職場が3％（日本経済新聞　2014年8月28日）と低かった。ネスレ日本がソリュブル・コーヒーとして展開する商品は、家庭内消費が中心となり、職場では充分に消費されていなかったのである。

　職場・学校における一定規模のコーヒー需要があるにもかかわらず、一方で、この職場の需要を充分に獲得できていない。この問題にネスレ日本は取り組んだ。

❖ 第1部　顧客創造のデザイン

　1990年代後半当時の一般的な傾向として、スターバックスやタリーズ等、外資コーヒー系飲料チェーンの進出が、企業勤務の女性や大学生がコーヒーを飲用する市場を創り出したといえる。香り高いおいしいコーヒーを飲みたい層やエスプレッソを飲みたい味にこだわる層が急増していた。

　一方で、職場において提供されるコーヒーは、コーヒーサーバーを使って自ら淹れる、もしくは自動販売機やコンビニエンスストアで缶コーヒーを購入する方法が一般的だった。前者は、手間もかかりコストもかかる。なによりコーヒーサーバーを導入することが必要となる。後者は、手軽であるが、カフェチェーンの味には及ばない。このような問題を顧客は抱えていたのである。

❖ 顧客の問題解決

　これらの問題解決の1つが、手軽に安価で本格的なコーヒーやラテ飲料を提供できるバリスタである。カフェのコーヒーと同じく、良質を求める顧客をターゲットに、「本格的で、カフェで飲むような味」を楽しめる価値を創造した。しかも初期費用を安価に抑えることができる。

　しかしバリスタだけでは解決できない問題があった。バリスタを職場に導入するには、企業の承認を得る必要がある。バリスタのメンテナンスも必要であり、カートリッジの補充も必要である。導入面、運用面の問題が存在したのである。

　その問題を解決したのが、「アンバサダー」である。バリスタを無料で提供し、彼（女）らが、申し込みを行うことで、バリスタ導入担当になってもらう。同時に、カートリッジの交換や清掃などは、彼（女）らにお願いするのである。こうすることによって、ネスレは職場にチャネルを構築することができた。

❖ 顧客創造と市場展開の仕組みづくり

　次に、ネスレ日本の市場展開の仕組みづくりを、事業の持続性の視点から見ていこう。まず顧客創造の対象となる顧客セグメントは、「安く手軽に飲みたいが、質にこだわる層」が新たな顧客となるということである。その新たなターゲットに対し、「安くて本格的で、カフェで飲むような味」といった価値を、既存コーヒーにはない「挽き豆包み製法」によって実現している。

　そのことが、顧客からの信頼となり、飲用者の口コミが広がり、新規顧客の獲得

第5章　チャネルによる顧客創造

に繋がっている。また、ソリブルコーヒーの味に満足した一部の顧客は、カプチーノ、ココア、ひいては、宇治抹茶ラテまで味わいたい要望が高まる。そのような顧客に対しては、カプセル式の本格カフェシステム「ネスカフェドルチェ グスト」を提供するなど、様々なニーズに対応している。

さらに、2013年12月からは「オフィスでお茶も飲みたい」という要望に応え、ティーマシン「ネスレスペシャル.T」を新たにラインアップすることで、オフィスでのさらなるコーヒーやティーの飲用を促進し、法人需要に対応している。これは職場において、コーヒーを飲まない顧客の取込みによって、飲用数の増加につなげたと言えよう。

4 チャネル管理

❖ 持続的に価値提供する仕組み

この仕組みは価値を提供する仕組みにも工夫が凝らされている。とりわけ、特徴的なのは、バリスタを無料提供していることと、個人単位で応募できることであり、これが継続的な価値提供に大きく寄与している。

ネスレ日本はさらに「ネスカフェ」の継続購入で、利益を上げる仕組みをつくっている。バリスタ本体価格を無料に設定して職場へ提供する一方で、消耗品であるソリュブルコーヒーの詰め替えカートリッジで利益を上げる仕組みをつくり上げたのである。職場を代表してアンバサダー自身が個人で応募できるため、面倒な法人契約をする必要がないことも普及を後押しした。

ネスレ日本の従来のチャネルは、卸、小売を通じて、あるいは小売を通じて消費者につなげるものだった。そのため、ネスレが直接、職場と接点を持つことは難しかった。

そこでネスレ日本は、アンバサダーを介して職場にコーヒーを流通させつつ消費してもらう、しかも継続的にコーヒー消費を促すチャネルを職場に直接構築したのである。

❖ 第1部　顧客創造のデザイン

コラム5－2

オムニチャネル

　以前は、「アマゾン（Amazon）対ウォルマート（Walmart）」のようにネット通販がリアル店舗を駆逐するとの言説であったが、現在、ソーシャルメディア進展の下、リアル店舗を含め多くの顧客接点を持つ企業が強者となることが理解できる。オムニチャネル（Omuni Channel）とは、ラテン語「omnis（全て）」の語幹「omni」であり「いつでも、どこでも、何でも買える世界」を実現することで、巨大な購買チャネルを構築するというものである。

　O2O（Online to Offline）とは、「On 2 Off」と表現されることもある。ネット上（オンライン）から、ネット外の実地（オフライン）での行動へと促す施策や、オンラインでの情報接触行動をもってオフラインでの購買行動に影響を与える施策である。O2Oは、ネット販売を軸とする企業を軸に展開された。

　一方、米国の百貨店の1つメイシーズ（Macy's）が発祥のオムニチャネルはリアル店舗企業を軸に発信されている。オムニチャネルは、ユーザー1人ひとりの行動を分析し、どこで顧客と接点を持てるかを考え、戦略を練りなおす必要の認識である。顧客行動の変化に対応するだけでなく、顧客行動は企業が作り出すということであり、現段階ではオムニチャネルは構築段階である。

　今後、サプライチェーン上の統合から、顧客の統合まで含めた構築が期待されるが、日本ではセブン－イレブンの「町の本屋さん」のように、個人情報が漏れることなく、24時間いつでも受け取れるという顧客メリットが考えられよう。セブン－イレブン側にとっても新たなチャネル（顧客接点）の構築により、オンラインで割引クーポンやサービス追加クーポンを提供する、あるいはソーシャルメディアの1つであるfour squareなどを使い、位置情報サービスによって積極的に店舗の認知や来店を促進する例がある。

❖ アンバサダーとチャネル管理

　ネスレ日本がアンバサダーを通じて行ったチャネルの管理の仕組みを見ておこう。第1にアンバサダーとの関係を構築すること第2にチャネルを通じたエンドユーザーとの直接関係と、コミュニケーションを通じた継続的な関係構築を実現したことである。

第5章　チャネルによる顧客創造

　このアンバサダーの仕組みは、ダイレクトチャネルの機能を有している。ダイレクトチャネルとは、「卸売業と小売業を介さずにメーカーと見込顧客が直接接触するチャネル」をいう。

　既存の流通である卸売、小売を通じたチャネルの場合は、メーカーが消費者に直接働きかけを行うことは難しい。そのため、多額の広告費用を使用して消費者に働きかける必要がある。これはどういうことかと言えば、小売は卸から、卸はメーカーから商品を仕入れると、仕入れた商品の販売方法や価格といった諸条件について自身で決定する権利も持つことになるのである。そのため何をどのように販売するのかということについては、仕入れた側が決められるようになる。ということは、メーカー側にしてみれば自社商品を卸あるいは小売に販売してしまうと、商品が売れたこと自体は喜ばしいことであるが、その商品がどのように売れるかについて、何らコントロールができなくなってしまう。一方、ダイレクトチャネルでは、ネスレ日本のパートナーとなる顧客、あるいはネスレ日本のマーケティングに協力してくれる顧客（アンバサダー）をチャネル構築、運用に組み込むことで、顧客創造につなげている。

　この仕組みはアンバサダーが顧客を大切にし、顧客から顧客に評判の輪を広げ、それを職場のみならず、カーディーラーや病院、学校への拡大につなげている。

5　おわりに

　本章では、ここまでチャネル・マネジメントの考え方として、チャネルの構築が顧客創造につながる仕組みを考えてきた。ネスレ日本のアンバサダーの仕組みは次の3つにまとめられる。

(1)　既存チャネルでは接点がなかった顧客の発見
(2)　既存チャネルでの対応限界の克服
(3)　ダイレクトチャネルの構築と運用への顧客参加

　メーカーは具体的に、新たなチャネルを構築して、顧客のもとに、よりニーズに合致した良い製品を届けるかを考え、それを管理する。メーカーにとって、それは、既存チャネルでは接点のなかった顧客の発見であり、既存チャネルでの対応の限界を補完する視点から得ることが多い。その意味で問題発見と問題解決はセットで考

◆ 第1部　顧客創造のデザイン

える必要があろう。そこでは既存チャネルに対して新たなチャネルを構築し、マネジメントすることで、創造的なチャネルを製造から販売までの基盤を強力に築くことができる。

　現在のチャネルマネジメントは、一回ごとの取引ではなく継続性を想定しなければならない。チャネルメンバーとの長期的な関係性の中で、メーカーとチャネルメンバー、特に顧客とメーカーが継続的な関係をつくり上げることがチャネル構築、管理に求められている。

考えてみよう　参考文献　次に読んで欲しい本　はこちら☞
(http://www.sekigakusha.com/md/md05.html)

第**6**章

コミュニケーションに おける顧客創造
―ファーストリテイリング　ヒートテック

| 第1章 |
| 第2章 |
| 第3章 |
| 第4章 |
| 第5章 |
| 第6章 |
| 第7章 |
| 第8章 |
| 第9章 |
| 第10章 |
| 第11章 |
| 第12章 |
| 第13章 |
| 第14章 |
| 第15章 |

1　はじめに
2　ヒートテックのコミュニケーション
3　コミュニケーション段階におけるメディアデザイン
4　おわりに

❖ 第1部　顧客創造のデザイン

1　はじめに

　広告は、消費者に様々な情報を伝えることができる。それだけではなく、場合によっては、製品やブランドに対して強力なイメージを作り上げることが可能だ。全く無名のシューズメーカーからグローバルブランドとなったNIKEのイメージ変革には広告が大きな役割を演じたと言われている。近年日本の例で言えば、ウィスキーをソーダで割るハイボールは、数十年年配の男性が飲むものというイメージであったが、ここ数年、大がかりなプロモーションの成果によって若い女性が好むアルコール飲料へと生まれ変わった。従来のハイボールとは違う価値が生まれたといえるだろう。

　広告は、製品の価値を変革することに大きな役割を果たすが、ただ単に消費者に対して闇雲に広告を流せば達成されるわけではない。消費者は、その製品に興味がなければ、そもそも注意して広告は見ないし、興味があるときでさえ、見逃したり記憶に残らない場合がある。それゆえ、広告を用いて消費者とコミュニケーションを行うには、その表現は差別化されていることが重要である。また、漠然とコミュニケーションをするのではなく、消費者とのコミュニケーションを達成すべき段階に分類し、そこでの変化を成し遂げる必要がある。それに応じてメディアの役割を明確にしたうえでメディア間の組み合わせを考えなければならない。この章では、ファーストリテイリング社（ユニクロ）のヒートテックを取り上げることで、消費者を起点としたメディアミックスとその管理を見てみることにする。

2　ヒートテックのコミュニケーション

❖ 保温性肌着

　株式会社ファーストリテイリング（以下、ユニクロ）は、発熱保温素材を用いるインナー製品、機能性肌着というカテゴリー「ヒートテック」を2003年に販売した。発売以降、老若男女を問わずあらゆるターゲットに展開していき、その機能も、

第6章　コミュニケーションにおける顧客創造

保温から抗菌、ドライ、静電気防止、ストレッチ、消臭など様々な機能を付加することで多機能化に対応している。その結果、発売当時の2003年には150万枚の売り上げに過ぎなかったのが、2012年には、累積枚数1億3,000万枚まで売り上げを伸ばしていくことになる。それ以降、同社は、シルキードライ、ブラトップなど高品質で機能性を重視する製品アイテムを展開していくことになるが、ヒートテックは、その先駆けの製品として位置づけられる。

　機能性肌着それ自体は、ヒートテックという製品が投入される以前からも存在していた。婦人用の保温性肌着や、登山者向けなどのスポーツ用肌着などがその代表である。冷えやすい女性や、仕事やスポーツをする上で寒さに対策する必要がある人たちに向けて、防寒用の肌着として開発されていたのである。肌着における防寒ニーズは存在すると判断され製品が投入されたが、それらの売り上げはそれほど芳しいものではなかった。例えば、保温性肌着を着用する女性は、防寒したいという思いがあるにもかかわらず、その着用を躊躇していた。それは、着用している女性が自ら自虐的に「ババシャツ」（年配の人が着るような肌着）と呼んでいることから明らかである。それは、ファッション性とは程遠く、その着用自体にネガティブな意味が込められていた。

❖ インナーファッション

　そうした現状に対して、ユニクロは、ババシャツといわれていた製品を、ファッション性も備える製品として売り出すことになる。そのために、保温性肌着を着用することで防寒以外の効果に着目した。それを着用することで防寒のための厚着をせずに薄着で冬場を過ごすことができるというものである。厚着それ自体は、「着膨れ」と言われるようにファッション性を損なう。しかし、保温性肌着を着用することで厚着をする必要がなくなる。ユニクロは、そこに着目し、「冬場でも薄着で新しい着こなし」というコンセプトのもと、ヒートテックの開発が行われた。そのことによって、冬場でもファッションを楽しむという価値を提供したのだ。

　しかしながら、一度否定的なイメージが定着したものを刷新することは決して簡単なことではない。もしそれが可能であっても、比較的競合他社の模倣が難しくないアパレル衣料業界においては、すぐさま模倣され類似品が投入されることになる。競合他社への販売流出を防ぐには、従来の製品と全く違うカテゴリーのイメージを作りかつ自社のブランドのイメージと結びつかなければならない。そのためには、

❖ 第1部　顧客創造のデザイン

コミュニケーションに関する訴求点の差別化を行い、コミュニケーション段階に応じたメディアの組み合わせとその統一化が必要となる。

❖ 訴求点の差別化

　ユニクロは、ヒートテックの広告を製品にこだわった広告表現にした。機能性肌着をヒートテックとして消費者に認知させるために広告の訴求点を製品機能や特徴それ自体に絞ったのである。近年、製品のコモデティティ化（日用品化）といわれる現象からもわかるように、どの製品の機能にも違いを見いだすことができないため、タレント広告などの製品以外の側面で差別化が行われている。また、アパレル衣料業界では、インナー、アウターを含めて取り扱う品目アイテム数が多く、また、店頭で製品アイテムの購買決定が行われる場合が多いため、広告の役割は店頭への来訪を促すことが中心となる。それゆえ、広告では製品の特徴それ自体に焦点を絞るよりは、キャラクターとなるモデルや芸能人を使用することでブランドイメージを高めることを目指す。そうした傾向に反しては、ユニクロは、広告においてヒートテックの製品機能の説明にこだわっている。多くの同業他社とは異なる広告表現を行うことで差別化が図られている。

❖ 消費者とのコミュニケーション

　ヒートテックの広告戦略では、消費者とのコミュニケーション段階を設定し、それぞれの段階に応じて、メディアの特性を活かし、その上でメディアの組み合わせを行っている。製品を購買するまでには、消費者はその製品に対してさまざまな局面を経ることになる。製品のことを認識し理解する段階や、製品に対する主観的なイメージをいただく段階、そして、購買の直前にあらためて製品を検討する段階である。それぞれの段階に応じてメディアを使い分けた広告戦略を行っている。

　まずは、ヒートテックそれ自体が機能性肌着であること、もしくは、機能性肌着の有効性自体がそれほど浸透していない当時では、製品自体とその効能を理解してもらわなければならない。ユニクロは、製品の機能に焦点を絞ったテレビコマーシャル（以下、テレビCM）を出稿している。そのことにより、ヒートテックというブランドの知名度を高めることに成功した。しかし、通常15秒のテレビCMではブランド名は覚えてもらっても、ヒートテックの特徴を理解するところまでは至ら

第6章　コミュニケーションにおける顧客創造 ❖

ない。その機能をより詳細に理解してもらうために新聞広告を数多く出稿している。新聞広告は、他の広告媒体に比べて、消費者は読み込む可能性が高く、製品に対する理解を深めるには適切なメディアということができる。

　製品それ自体を理解してもらっても、従来からの保温性肌着に対するイメージを改善しなければならない。ババシャツというネガティブなイメージは製品機能を理解しただけでは改善されない。それゆえ、ヒートテックの機能を訴求するだけでなく、ファッション性を強調することでネガティブなイメージの改善に努めた。ヒートテックのテレビCMには、その認知度を高めるだけでなく、芸能人、海外モデルを多数登用することで、機能性肌着であってもファッションと関連することを認識してもらう。また、ファッションや流行がいち早く取り入れられる都市部で交通や看板広告を展開することで、都市が持つファッション性とヒートテックとの結びつきが生まれることになる。

　製品を理解してもらい、そのイメージを改善しただけでは製品が売れるとは限らない。消費者は、製品を購買する際に価格や色やサイズなど詳細な情報を検討することで購買に値するかどうかを判断するからだ。こうした購買直前の段階に際して、ヒートテックの価格、サイズや色などのバリエーションを掲載したチラシ広告を大量に配布した。そのことによって実際購買を検討している消費者に有益な情報を提供し購買を後押しする。また、ユニクロは、自社の店舗を運営しているために、ヒートテックを買ってもらうには店頭に来てもらう必要がある。外出先にある看板や交通広告は、外出先での消費者との接触点となることで、外出のついでに店舗に立ち寄ってもらい、実際にヒートテックを見てもらう機会を提供する。これらは購買を促進する役割を担っている。

　このように、ユニクロは、消費者とのコミュニケーションの段階でさまざまな媒体の特性を活かし組み合わせを行っている。しかしそれだけでは不十分である。コミュニケーションの段階でそれぞれの媒体の特性を活かしながらも、ヒートテックという一貫したイメージに貢献しなければならない。ユニクロは、それぞれのメディアの特性を活かしながらも、それらを横断してビジュアルや基本的なコピーの訴求点を統一化している。メディアの特徴を活かそうとメディアに適合する表現やビジュアルのみを追求すると、メディア同士を横断するようなブランドイメージの統一感が出にくくなる。それらを統一したものとして消費者に理解してもらうことで機能性肌着＝ヒートテックという連想が生まれることになる。これは、競合他社にとって顧客を奪い取ることを阻む強力な障壁となる。ライバル会社が類似品を投

第6章

75

❖ 第1部　顧客創造のデザイン

【写真6‐1　「ヒートテック」大型専門売り場のスタッフ　ユニクロ銀座店】

出所：共同通信社

入しても、機能性肌着＝ヒートテックというイメージが強ければ、他社への販売流出を阻止できる。

3 コミュニケーション段階におけるメディアデザイン

　このように、ヒートテックの事例から、消費者とのコミュニケーションの段階に応じて、広告におけるメディアの役割とそのミックスを見てきた。消費者は、購買に至るまでに製品に対してさまざまな段階を経ることになる。それぞれの段階で消費者の変化をもたらさなければならない。これを広告のコミュニケーション効果と呼ぶ。はじめに触れたように、広告は大規模であっても一様に展開していては、その効果は薄らぐ。もしくは、販売数量や売上げという単純な目標を設定しただけでは、一体どこにどのメディアの効果があったのかを理解しえない。売上げや販売数量を大きな目標としながらも、下位目標を設定する必要がある。広告の場合はそれがコミュニケーション目標となる。消費者の製品に対する状態によって必要とされるコミュニケーションが変わってくるため、それぞれ目標を掲げることになる。意識や認知の変化、イメージの変化、購買したいという意図の変化等である。それぞれの段階の変化が重なってはじめて売上げや販売数量の拡大につながることになる。

第6章　コミュニケーションにおける顧客創造 ❖

コラム6−1

広告のコミュニケーション効果

　本文でも触れたように、広告の効果を識別することは大変難しい。それゆえ、広告効果を識別するために、コミュニケーション段階を設定し、それぞれに目標を定めていた。広告効果に対してコミュニケーション段階に言及した代表的なモデルとしてAIDMAモデルがある。AIDMAモデルは、消費者の行動を、Attention（注意）→Interest（関心）→Desire（欲求）→Memory（記憶）→Action（行動）としてそれぞれの段階に分類した。本稿では、認知度、態度、購買意図という段階に分類している。近年では、こうした段階は、認知的反応、情緒的反応、行動的反応として位置づけられ、広告効果やブランド効果の識別に使われている。これらは、階層効果ともいわれ、それぞれの効果がそれぞれを経て積み重なることで購買をもたらすと考えられている。しかし、これらの考え方に異論もある。2つほど紹介しよう。1つは、これらの段階は、あくまでも消費者の購買に対する関与が高い場合に限定されるというものである。多くの人々の経験にあるように、衝動買いやそれほど自身にとって重要な購買でもない場合はそれとは違う段階を経ることになる。例えば、製品を知って理解や態度を経ずにすぐに購買するパターンがそれに該当する（岸志津江・田中洋・嶋村和恵『現代広告論』有斐閣アルマ、2008年）。2つ目は、情報環境が変化した現代においては新たな段階を設定する必要があるというものである。従来のマスメディア中心の情報環境では消費者は受動的に情報接触していたのにすぎなかったが、インターネット社会では、消費者は、ネットで調べたり、情報を発信したりすることが可能となりその環境は大きく変化した。それに対応するよう、電通が発表したAISASモデルがある。消費者の能動性を考慮するために、Attention（注意）→Interest（関心）→Search（探索）→Action（行動）→Share（共有）という段階を設定することで、インターネット時代の購買行動に対応しているといえる。

　また、それぞれの目標が達成されたかどうかも判断することが可能となり、次回の広告の投入の際にその結果を活かすことができる。それではそれぞれの段階を見てみよう。

❖ 第1部　顧客創造のデザイン

❖ 製品の認知・理解の段階

　製品のブランド名や製品の特徴や機能を理解する段階を認知や理解度の段階ということができる。全くの未知の製品は、まずは消費者の認知度や理解度を高めることが目標となる。新製品に限らず、多くの製品が投入される現代では、既存製品であっても消費者の記憶に止まることは少ない。それゆえ、既存商品でも、認知度や理解度の改善が求められることもある。

　製品認知度や理解度の段階では、ブランド名を理解してもらうものと製品それ自体を理解してもらうものと2つの目標がある。前者であれば、現代においても圧倒的な数の人々に到達できるテレビCMが有効ということができる。その一方、製品を理解してもらうには、製品の具体的な機能や効能を知ってもらう必要がある。それには、テレビCMでは限界がある。ヒートテックの事例にもあるように、読むという行為を促す新聞等の活字媒体が有効である。もっとも理解度を高めるには、店頭での販売員や販売支援スタッフが効果的なメディアということができよう。対面的なコミュニケーションができるため、消費者の疑問や質問に瞬時に答えることが可能である。

❖ 態度の段階

　製品に対して主観的なイメージを抱く段階を態度の段階という。製品名を知り、製品の特徴を理解した後、消費者はその製品に対して、好き―嫌い、良い―悪いなどのイメージを形成する。それに関して製品の機能や特徴からイメージを形成する場合もあるが、好き―嫌いに関することなので多分に感情的な要素を含む。

　感情的なイメージを高めるためには、動画などのフィルムを取り扱うテレビCMや高品質のページを掲載する雑誌が有効である。そうした技術的な側面だけでなく、広告に登場するモデルやタレントのイメージが製品のイメージに貢献する場合がある。広告で登場するタレントやモデルに対して憧れの感情を抱く時、その感情は、広告された製品へ転化する。ユニクロは、海外モデルや有名タレントや専門的な職業の人々の着こなしをテレビ広告で展開することで同様の効果を期待している。都市部の広告もその可能性が存在しうる。ファッションは、都市から生まれることが多いため、都市部の看板や交通広告は、都市部のファッションを構成する要素とし

第6章　コミュニケーションにおける顧客創造 ❖

て認識されることになる。

❖ 購買意図の段階

　製品を理解しても、どんな肯定的なイメージを抱いても、それは将来買うかもしれないという程度であって具体的に購買を検討している段階ではない。将来買うかもしれないというのではなく、消費者が今日、明日、来週買うという場合では消費者の求める情報も違ってくる。実際に直近で購買を検討している段階では、消費者は自身の生活局面を想定しながら購買を検討する。価格が予算内であるか、もしくは今持っている服と色がかぶらないかなど自身の生活場面の中で購買を考えることになる。そうすると、必要な情報も価格や色、サイズなどの詳細な情報が必要となる。この段階を購買意図の段階と言うことができる。同時に、購買意図の段階では、購買を考えているので、具体的な情報を提示することで製品の購買に対する不安を解消する。また、特売情報やノベルティなどのお買い得感を示すことで購買を促進することができる。その段階では、折り込みチラシが適切といえよう。折り込みチラシは、色やサイズなどの製品仕様に関する具体的な情報を掲載している。また、特売情報などのお買い得情報も掲載している。ユニクロに関しては、郊外に多数の小売店舗を構えていることもあって、週末の折り込みチラシを多用していた。

　購買を誘発するという意味では、購買地点である店舗と距離的に近いところで接触するメディアも、購買意図の段階に対応しているといえる。購買地点に一番近いメディアは、店頭での陳列やディスプレイなどである。わかりやすさや見やすさだけでなく商品が引き立つ魅力的な売り場は重要な広告メディアとなり得る。ユニクロの店舗の中にある、見やすさだけでなく鮮やかな売り場は重要な広告メディアとなっている。自宅以外の外出中に接する、交通や看板広告などのOOHメディア（Out of Home Media）も購買地点に近く、購買を誘発する役割を担っている。ユニクロの看板広告などもこのような役割を果たしているといえる。

　このように、消費者とのコミュニケーション段階に応じて、それぞれの広告メディアの特性を活かしながらメディアを使い分ける必要がある。しかし、あまりメディアの特性のみを追求してしまうと、メディア同士の間でバラバラなイメージになってしまう可能性がある。メディアの特性を活かしながらも、それらが累積することでまとまりのあるイメージを構築しなければならない。それぞれのメディアの特性を活かしただけでは、機能性肌着＝ヒートテックというブランドと製品カテゴ

◆ 第1部　顧客創造のデザイン

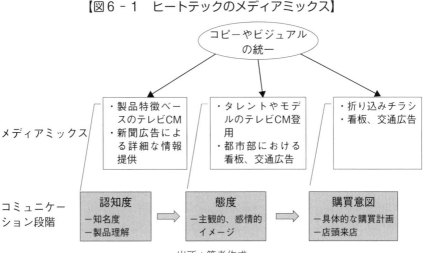

出所：筆者作成

リーとの結びつきまではつくれない。ユニクロは、それぞれのメディアの特性に応じた広告を出稿しながらも、コピーやビジュアルの統一化を行うことで、それぞれの情報はヒートテックに関することであることを認識してもらい、それぞれの広告表現とブランドのイメージを結びつけている。

❖ 新たな媒体の登場

近年、台頭がめざましいインターネットメディアに関しては、広告枠という意味でいえば、バナー広告などに限られるが、ウェブ上の企業情報を広告として捉えるならその可能性は広がる。インターネットメディアは従来のメディアにないコミュニケーションの双方向性、いつでもアクセス可能な便宜性、動画やゲームなどのコンテンツの視聴や参加を可能にする容量の大きさなどの特性があり、今まで述べてきたコミュニケーション段階すべてに対応することが可能である。たとえば、SNSから拡散される情報は認知の段階、製品を宣伝する動画やムービーは態度の段階、スマートフォンでのクーポン利用は購買意図の段階に対応しているといえよう。ユニクロにおいても、自社ウェブサイトの商品告知、クーポン、動画共有サイトで話題を集めたUNIQLOCKなどさまざまな活動が行われている。

こうしたインターネットの特性は、新たな購買行動をもたらしている。消費者は、

第6章　コミュニケーションにおける顧客創造 ❖

コラム6－2

柳井正氏
株式会社ファーストリテイリング　代表取締役会長兼社長

　柳井氏は、事例でも取り扱ったファーストリテイリング社をカジュアルウェア
に特化した郊外型店舗ユニクロを全国展開し、現在ではグローバル企業までに押
し上げた日本を代表する経営者である。ビジネスモデルとしてSPAという小売業
態を採用し急成長する中で、一旦は社長職を退くが、社長職に復帰してからは、
ヒートテック、ブラトップなどのヒット商品を連発している。柳井社長といえば、
ビジネスモデルの革新、近年で言えば、日本企業の世界進出の文脈で語られるこ
とが多い。その中で一際、失敗や試行錯誤の必要性を強調する。広告に関しても、
失敗を恐れず広告代理店任せにならないことが必要だという。現在では、佐藤可
士和など有名なデザイナーともコラボレーションを行っているが、その際でもそ
のコンセプトはあくまでもユニクロから提案するという。そして、そのコンセプ
トは消費者視点に立ったものでなければならない。それは、柳井社長自身が広告
での失敗から学んだことである。ユニクロを郊外で順調に展開してきたころは、
折り込みチラシなどが重要な広告メディアであった。しかし、都市部に出店した
時は全くこのようなやり方が通用しないことを経験する。また、株式上場を記念
して、ユーモア広告として関西のおばちゃんが服を脱ぎだしながら「交換して
なー」という内容のテレビCMを制作した。そこでは、「返品交換に応じる」とい
うメッセージを込めたものであったが、結果的に消費者から多数のクレームがき
て打ち切りになる。

　こうしたことから、広告には、一方的に「伝える」のではなく結果的に「伝わ
る」ことの重要性を学んだという。広告に関する試行錯誤は決して終わりではな
い。上記のように有名なデザイナーとのコラボレーション、海外での旗艦店、大
量の新商品の無料配布、UNIQLOCKなどソーシャルメディアを活かしたプロモー
ション等、様々な素材を活かしながらその広告効果を模索している。

第6章

店頭で製品を購買するのではなく、情報のみを取得し、ウェブ上で購買するという
ショールーミングや、ウェブで製品に関する情報を取得し、実際の店舗で製品を確
認し購買するというOn To Offと言われる現象である。

　こうした新しい消費者行動は、それぞれのコミュニケーション段階でのメディア
の役割に変化をもたらしている。ウェブサイトで購買する場合は、失敗するのを避

けるために店頭で製品の理解を深める。その場合、店頭は製品の認知や理解する場となる。一方、ウェブサイトで購買するのは不安で店頭で購買する場合は、ウェブを使って積極的に情報処理を行う。その場合、製品の認知や理解には、ウェブサイトを使うことになる。ウェブサイトは、可能性としてどのコミュニケーション段階にも対応できるために、その他のメディアの利用の仕方によってウェブサイトの利用のあり方も変化する。

4 おわりに

　この章で学んだことは、まずは、広告表現は、他の製品の広告と差別化された表現でなければならない。そうでなければ消費者に思い起こしてもらうことは難しい。そうした差別化を基本としながら、広告を用いて消費者とのコミュニケーションを行う際にはただ単に購買数量や売上げの拡大を求めるのではなく、コミュニケーション段階を設定し、それぞれの段階での消費者の変化を求めていく必要がある。

　また、広告を出稿するメディアに関しても、それぞれの特性に鑑みて、コミュニケーション段階に応じた媒体の組み合わせ、メディアミックスを行う必要がある。ただ闇雲にテレビCMを流せば売れるわけでもないし、知名度の高い有名タレントを使えばいいものでもない。

　そして、それぞれの媒体の特性を活かすと同時に、メディア同士を横断するような一貫したイメージを消費者にもってもらわなければならない。競合他社と差別化された統一感を持たせることで、ブランド力につながることになる。

考えてみよう　参考文献　次に読んで欲しい本　はこちら☞
(http://www.sekigakusha.com/md/md06.html)

第 **7** 章

顧客理解
―ライオン株式会社 「Ban 汗ブロックロールオン」

第1章
第2章
第3章
第4章
第5章
第6章
第7章
第8章
第9章
第10章
第11章
第12章
第13章
第14章
第15章

1 はじめに
2 ライオン株式会社
「Ban 汗ブロックロールオン」のマーケティングリサーチ
3 マーケティングリサーチのデザイン
4 おわりに

❖ 第1部　顧客創造のデザイン

1 はじめに

　この本の読者の多くはこれまでに一度は「アンケート」に答えた経験があるだろう。レストランや百貨店で渡されるお客様アンケート、家電製品を購入した際についてくる購入者アンケート、さらには大学の授業評価アンケートなど私たちの周りにはアンケートが沢山存在する。『アンケートに答えて○○をもらおう！』といったキャンペーンに参加したことのあるひともいるかもしれない。最近はスマートフォンやPCから回答できるアンケートも盛んに行われている。一方「インタビュー」に答えたことがあるひとは少ないかもしれない。しかし、こんな経験はないだろうか。新製品開発にあたって大学生の意見が聞きたいということで企業に協力する、大学の先生の研究に協力するなどといった場面など、インタビューも実は私たちの身近に存在している。

　こうしたアンケートやインタビューは「マーケティングリサーチ」（市場調査）の一環として行われているものである。ここまで学んできた様々なマーケティング施策を行うにあたって、消費者について知ることは不可欠である。この章では制汗剤ブランドであるライオン株式会社の「Ban 汗ブロックロールオン」のケースを通じ、マーケティングリサーチの役割とその手順について学ぶ。

2 ライオン株式会社「Ban 汗ブロックロールオン」のマーケティングリサーチ

❖「ワキ汗ジミを気にせず過ごせる制汗剤」Ban 汗ブロックロールオン誕生の背景

　みなさんは薬局、ドラッグストア等で制汗剤を一度は目にしたことがあるだろう。多くの日用雑貨と同様に制汗剤にも大変多くのブランドが存在する。

　本章で取り上げる「Ban」はライオン株式会社（以下、ライオン）における制汗剤のロングセラーブランドである。このロングセラーブランドのラインナップとして登場したのが今回取り上げる「Ban 汗ブロックロールオン」である。この商品のヒットの背景からマーケティングリサーチについて学んでいこう。

84

第7章　顧客理解 ❖

　Banのブランド担当者（マーケター）は制汗剤市場でのさらなるシェアを獲得するために、新製品策、製品改良策もしくはラインナップの変更策を考えることとなった。そこで、ターゲットとして考えていた20代～30代の女性に対するマーケティングリサーチを行うこととした。以下ではそのプロセスをみていく。

　従来、制汗剤市場で主に訴求されるベネフィットは大きく分けて2つであった。第一に汗のニオイ（脇のニオイ）を予防するという嗅覚に訴えかけるというもの（予防ニーズ）、第二に汗による肌のベタつきを抑えることで不快感をなくすという触覚に訴えかける（対処ニーズ）というものである。しかし、こうしたベネフィットはすでに多くの商品で訴求をされている。そこで、Banのマーケターたちは汗に関する悩みを検討する中で「脇の汗ジミ」に着目をし、これを解消する商品はどうかという提案がなされた。

　その背景には、女性の社会進出と衣類の素材変化があげられる。女性が社会進出し、満員電車での通勤時や仕事上での緊張する場面など汗をかく機会は以前に比べ増えている。それに加え、近年薄手の素材や化学繊維の素材の衣類が増え、洋服にできる汗ジミが目立ちやすくなっているのだという。

　この汗ジミ予防は、従来脇にあてる衣類用パッド等で行われてきたものの、制汗剤市場では訴求されていないベネフィットであった。さらに汗ジミは他者から見られるという視覚に訴えかけるものである。こうした「制汗剤を使用することで他の人から見られて恥ずかしくない」というベネフィットは従来製品では訴求されていなかった。

❖ 消費者ニーズを探るためのインタビュー調査とアンケート調査

　こうした問題意識を元に、「洋服に付く汗ジミは女性にとって解消したい悩みである」さらに「その解消をもたらす商品にニーズが存在する」という仮説を立て、20-30代の女性のグループに制汗剤に関するインタビューを行うこととなった。

　実際、インタビューを行ってみると、マーケターはそこで意外な光景を目にしたという。それは「汗ジミ」という話題が女性にとって身近であり、かつ大変盛り上がる話題だったのである。これまでにもライオンでは制汗剤に関する消費者グループインタビューを行ってきた。ただ、従来それほど会話が盛り上がらないことが多かったと言う。その理由として、これまでのインタビュー参加者の会話の内容から、女性にとっては特に自身のニオイに関することを話題に出すのは恥ずかしいもので

85

あることが推測された。すなわち、「自分ではニオイを発していないが、気にはなるので気をつけている」「ほかの人がニオイで失敗しているのを見ると自分も気を付けようと思う」といった他人事のような話が出るだけで、それ以上の盛り上がりはなかなかなかったという。

しかし、汗ジミについてはその反対であり、いくらでも自分自身の困った際のエピソードが出てきた。「集合写真で手を挙げたポーズをとったら汗ジミが写って恥ずかしい思いをした」「グレーの洋服を着たところ汗ジミが目だってしまった」「汗ジミが気になって通勤電車でつり革がもてない」「脇の汗が気になって、合コンで頼んだメニューの取り分けができず、女性らしさを発揮できなかった」「脇の永久脱毛を行って以降汗ジミが気になる」など具体的なエピソードが語られ、お互いに共感しあう姿がみられたという。

このインタビューを通じて明らかになったことは、彼女たちは汗ジミを他者から見られるのは恥ずかしいと感じているが、ニオイに比べそれを話題にすることはそれほどタブーと感じていない、ということである。むしろ女性にとっては「従来の制汗剤では解消しきれない仕方のないこと」としてあきらめられている部分であり、よくある失敗エピソードとしてお互いに共感をもってこの話題がなされていたのであった。

このインタビューを通じ、マーケターは脇の汗ジミは女性にとって「現状あきらめていたり、自虐ネタにしてはいたりするけれど、解消したい深刻な悩みである」「その解消をもたらす商品にニーズが存在する」という仮説が間違っていないことを確認した。しかし、グループインタビューだけでは、いわゆる「少数の意見」ではないか、すなわち市場性という点が気になる。

そこで改めて、女性640人を対象に対し汗の悩みに関するアンケート調査を行なった。その結果、脇の汗が気になる一番の理由は、「におい（51％）」「汗ジミ（34％）」「べたつき（15％）」であったという。この数値から汗ジミに対するニーズが一定程度あることが確認された。

❖ コンセプト開発から発売までの調査

インタビュー調査、アンケート調査の結果から、新しいBanのコンセプトが開発されることとなった。それは、汗を"激"的に抑える制汗剤である。研究所では従来の制汗剤で汗ジミが解消できなかった理由として皮膚と成分の密着度（密着度が

下がると汗を止めきれなくなってしまう）が弱かったことを明らかにし、ナノイオン制汗成分とマイナスイオンポリマーが肌に密着して、汗腺にフタをして汗を抑えるという技術を開発した【図7‐1】。

　そして「汗を"激"的に抑えて、ワキ汗ジミを気にせず過ごせる制汗剤」というコンセプトを立てることとした。コンセプトとは「ターゲット顧客に提供する価値を定義したもの」である。（廣田章光「コンセプトデザイン」『1からの商品開発』碩学舎、2012年　p.108）このコンセプトを「Ban 汗ブロックロールオン」という商品名、さらに「ワキ汗対策！　汗ジミ気にせず過ごせる」というキャッチ・コピーで製品のベネフィットを伝えることとした。

　さらに詳細な製品仕様についてみていこう。容器はターゲットとなる女性が手軽に脇に塗りやすく、化粧品のような感覚で持ち歩いてもらえるよう、ロールオン型の容器に入れることとした。さらに汗ジミについては「解消できればいいけれどあきらめていた悩み」であるため、消費者自身にこうしたニーズに気づいてもらう必要がある。したがって、店頭でこの商品のベネフィットがわかるように、商品パッケージにキャッチコピーを目立つ形で掲載した。さらに汗ジミが気になる局面（朝衣類を選ぶ際、通勤電車でつり革を持つ際、誰かと近づく際）をパッケージで訴求することで共感を呼ぶ工夫をした。

　こうした詳細の決定にあたっては、今回の「汗を"激"的に抑えて、ワキ汗ジミ

【写真7‐1　Ban 汗ブロック ロールオン】

出所：ライオン株式会社

❖ 第1部　顧客創造のデザイン

を気にせず過ごせる制汗剤」というコンセプトが消費者に受け入れられるかどうか
を確認するため、価値が適切に認識されたかの確認であるコンセプトテストがアン
ケートを用いて行われた。加えて、パッケージデザインやコピーが消費者に受け入
れられるかどうかを確認するパッケージテストが行われた。

　前者のコンセプト調査はアンケート形式であったが、パッケージテストは実際の
店頭のような棚を実験的に作成し、競合および自社の商品を含め、実際に売られて
いる主要商品と一緒にBan汗ブロックロールオン陳列して消費者に選択してもら
うシェルフテストの形式で行われた。さらに、発売前には製品を実際に使用しても
らう使用テストを行った。

　こうしたテストを経て、2014年2月にBan 汗ブロックロールオンは発売され
た。発売時の商品のテレビCMでは女性タレントのトリンドル玲奈が通勤中のシー
ンでつり革につかまり、腕を上げても汗ジミが出来ていないというストーリーとし
た。これはターゲットの女性が最もワキ汗を意識する「つり革を持つ」というシ
チュエーションを通じて商品の価値を伝えることを目的としている。これに加えて
汗ジミが気になる満員電車を意識し、交通広告も展開を行った。さらに、グループ
インタビューで出た数々の汗ジミの失敗エピソードをもとに、人気イラストレー
ターの進藤やす子氏が「ワキ汗女子の生態図鑑」としてイラスト化し、広告内や
ウェブサイトに掲載をした。

❖ 「Ban 汗ブロックロールオン」による顧客創造と市場拡大

　Ban 汗ブロックロールオンは、こうしたマーケティング展開を通じてこれまで
「ニオイをおさえる」「サラサラ感が持続する」ことが訴求されることの多かった制
汗剤市場において「汗ジミを抑える」という新たなニーズを喚起した商品といえる
だろう。結果、2014年年間のライオンのロールオン合計の販売金額は前年比
217％に拡大し、しかも、この拡大はライオンだけでなく、ロールオン市場全体
も130％に成長する貢献を果たした。そして、『日経TRENDY』の2014年ヒット
商品30において5位を収めるという大ヒット商品となった。一方、発売後に行っ
た調査では新たなニーズが確認された。この商品は2月の発売であったが、2月、
3月という雪の降る寒い時期にもかかわらず売れ行きが好調であった。その理由を
探るため、3月に購入者にアンケート調査を行った。すると、暖房や機能性肌着の
流行で、秋冬でも汗をかきやすいシーンが多いばかりか、夏と違って重ね着が行わ

れることが多いためかえって汗が気になり、この商品が購入されていたことがわかった。

このように、女性は「寒い時期の衣類への汗ジミ」にも悩んでいることがわかった。この結果から、従来の制汗剤が春夏の暑い時期を中心にプロモーションを行うのに対し、この商品では秋冬にもプロモーションを強化した。この点も年間を通じての売上向上に貢献したという。

このようにヒット商品の裏側にはマーケティングリサーチが存在しているのである。以下では、マーケティングリサーチをいかにデザインし、顧客創造につなげるかについて学ぶ。

3 マーケティングリサーチのデザイン

マーケティングリサーチとは、「消費者について知るために行われる情報収集作業」のことである。具体的には、消費者・市場に関する情報等、マーケティングにまつわる様々な情報を収集することを指す。マーケティングとは消費者（市場）と企業とのコミュニケーションを通じて行われるものであり、その中でも情報収集の役割を果たすのがマーケティングリサーチといえるだろう。

定義を見るとわかるようにマーケティングリサーチはあくまで情報収集のプロセスである。したがって、マーケティングリサーチを行ったからといって必ずいい商品ができるとは限らない。しかし、そのプロセスを知っておくことで、効果的な情報収集ができるのである。具体的には抱えている課題についてどのような手法を採用すればよいのかがわかれば、本当に知りたい情報をより効率的に知ることができるといえる。以下ではマーケティングリサーチのプロセスについて解説する。

マーケティングリサーチのプロセスとしては、①探索的調査 ⇒ ②検証的調査の順で行われるのが一般的である。以下では各調査の特徴と目的について確認する。

① 探索的調査とは、新製品開発や製品改良を行う前に、マーケターが抱える課題や考えていることが本当に市場に受け入れられそうかを探索的に調べることである。この段階では消費者がこれまで気付かなかった潜在ニーズや、現時点で不満に思っていたり改善を望んでいたりするような顕在ニーズについて調査することが目的となる。

❖ 第1部　顧客創造のデザイン

　　この段階では、消費者に課題について関することをある程度自由に回答して
もらうことが重要となる。そして集まった様々な情報を元に検討を行い、課題
や知りたいことについてある程度のめどを立てることが目的となる。その上で、
第3章「製品による顧客創造」にあるようなアイディア創出、コンセプト開発
の段階へ進むこととなる。

②　検証的調査とは、現在考えているもしくは発売している商品について、本当
にこの商品が消費者のニーズに応えられているか、ひいては本当に売れるかど
うかを検証するために行う調査である。検証的調査には発売前に行われるもの
と発売後に行われるものがある。順に確認をしていこう。

　　まず発売前に行われる検証的調査は、ある程度商品コンセプト、設計が固
まった段階でその妥当性について検証するために行われる。すなわち「本当に
これでよいのか」を確認することが調査の目的となる。一方、発売後に行われ
る検証的調査は、発売された商品について消費者がどのように評価しているの
かを確認し、現在のマーケティング施策の改善を目的として行われる。

　　全ての商品で発売前に完全に売上や消費者の評価が検証できればそれに越し
たことはない。しかし、発売前には「発売後」という未来の出来事について予
測をすることはできても完全に予知することは不可能である。したがって、発
売前の調査が重要であることはもちろん、発売後にもマーケティングリサーチ
を行うことで、マーケティング施策の成果を測定することが大切である。さら
に、売上や消費者からの各種マーケティング施策に対する評価について事前の
想定とどの程度の乖離があるのか、そして乖離があるとしたらなぜそのような
ことが起こっているのかを検討し、改善をしていく必要がある。

　ここからは、各調査において有効であると考えられる調査手法について紹介する。
　その前に、調査で得られる情報（以下ではデータと呼ぶ）の種類を紹介しよう。
データは大きく分けて1次データと2次データに分けられる。1次データとは、
マーケター（調査者）自身で課題に沿って集めたデータのことである。一方、2次
データとは他者が集めたすでに存在しているデータのことである。例えば新聞記事
や雑誌記事等のマスメディアからの情報、政府や官公庁の発表する各種統計資料、
他の企業が調査した情報、そして自社内で他の部署やマーケターが別の目的で収集
したデータ等があげられる。
　1次データは自分自身で集めるデータなので現在の課題に沿ったデータとなる。

第7章 顧客理解

しかし、集めるためにはそれなりのコストがかかる。一方、２次データはすでに存在しているデータのため、１次データに比べ集めるためのコストは少なくてすむ。しかし、自身が持っている課題に必ずしも合致するわけではない。また、データの信憑性についても自身が集めたわけではないので確認をする必要があるだろう。

　一般的に、何かしらの課題や問題に直面した際にはまずコストのかからない２次データを探し、２次データでは充分なデータが得られない場合に１次データを収集するのが望ましいといわれている。それでは、１次データの収集にはどのような手法があるのだろうか。１次データを集める手法には大きく分けて、①定性的調査、②定量的調査の２種類があるといわれている。

　①定性的調査とは、消費者の態度や行動を、言語や実際の行動等のデータをありのまま収集する（数値に置き換えることのない形で収集する）調査のことである。代表的なものにインタビュー調査やオブザベーション（観察調査）があげられる。インタビュー調査では、消費者の態度や行動について実際に消費者自身に話をしてもらうことでデータを収集する。オブザベーションでは、消費者のありのままの姿を観察することでデータを収集する。インタビューやオブザベーションで集められたデータは文字化や音声化、映像化をし、マーケター（調査者）はそれを元に消費者の考えていることや行動、顕在ニーズや潜在ニーズについて検討を行う。

　定性的調査の一番のメリットは、インタビューやオブザベーションを実行しながら、その中で知りたくなったことにあわせて臨機応変に対応できることである。例えばインタビューで「ある商品がとても好き」と答えた人に、なぜそれが好きな理由を聞くだけでなく、その理由が一風変わったものであれば、なぜその人はそのように考えたのかを聞くことができる。さらにはその人の声色や表情からどの程度その商品が好きなのかを推し量ることもできる。オブザベーションでも同様に、消費者が意図したかしなかったかは別として、消費者のありのままの姿をみることができるので、それが当初の想定とは違う行動だったとしても面白そうだなと思ったところにフォーカスして消費者を観察することが可能である。一方、インタビュー調査やオブザベーションはアンケートのように一度に大勢の人に調査することは難しい。したがって、定性的調査は、予想外の回答や行動から示唆を得たい場合に用いられることが多い。

　②定量的調査とは、消費者の態度や行動を数値化して収集する調査のことである。代表的なものに、アンケート調査や売上データ、POS（Point of Sales）データ調査があげられる。

❖ 第1部　顧客創造のデザイン

【図7‐1　一般的なアンケート調査のイメージ】

あなたはこの製品のパッケージデザインについてどのように思いますか？

(1)　可愛い

　　　非常にそう思う　　　ややそう思う　　　どちらでもない　　　ややそう思わない　全くそう思わない
　　　　　5 ------------ 4 ------------ 3 ------------ 2 ------------ 1

(2)　かっこいい

　　　非常にそう思う　　　ややそう思う　　　どちらでもない　　　ややそう思わない　全くそう思わない
　　　　　5 ------------ 4 ------------ 3 ------------ 2 ------------ 1

(3)　斬新である

　　　非常にそう思う　　　ややそう思う　　　どちらでもない　　　ややそう思わない　全くそう思わない
　　　　　5 ------------ 4 ------------ 3 ------------ 2 ------------ 1

(4)　懐かしい

　　　非常にそう思う　　　ややそう思う　　　どちらでもない　　　ややそう思わない　全くそう思わない
　　　　　5 ------------ 4 ------------ 3 ------------ 2 ------------ 1

(5)　人に見せたい

　　　非常にそう思う　　　ややそう思う　　　どちらでもない　　　ややそう思わない　全くそう思わない
　　　　　5 ------------ 4 ------------ 3 ------------ 2 ------------ 1

出所：筆者作成

　アンケート調査では、消費者の態度や行動を数値に置き換えて測定を行う。例えば「ある商品のパッケージデザインに対する態度」について5段階で質問を行い、態度を数値化して集める【図7‐1】。

　加えて売上データやPOSデータは、購買行動の結果として集められるデータであり、すでに数値化されていることが多い。こうして集められた数値データは多くの場合、統計学の知識を援用し分析される。例えば「パッケージデザインの評価が高くなるほど購買意向が高まる」といった関係を統計的に明らかにすることとなる。

　アンケート調査は、消費者の態度や行動を、決まった数値に置き換え、アンケートの形で配布して聞くことができるため、多くの消費者に同じことを調査したい場合には最適な手法である。一方、アンケート調査では質問が、売上データやPOSデータでは測定できる数字が、あらかじめ決まってしまうためそのデータを元に意外な発見をするのには不向きな手法といえるだろう。したがって、定量的調査は「本当にこの商品でいいのか」を多くの人に確認したい場合、すなわち検証的調査

第7章　顧客理解 ❖

コラム7−1

アンケート作成時の注意点

　アンケート調査は、インタビュー調査やオブザベーションに比べノウハウが
はっきりしているといわれている。特にアンケート作成時の注意点について解説
をする。

　第一に、仮説を持ち、それに関連する事項を質問項目のみをアンケートに入れ
ることである。アンケートを作成し始めるとつい、様々な項目を盛り込みたくな
るものだ。しかし、答える側にとっては分量の多いアンケートは大きな負担であ
る。仮説に関係のあることだけを質問項目に入れるようにしたい。

　第二に、重要なのは質問項目の妥当性である。知りたいことがその質問項目で
本当に聞けているかが重要である。例えば、ある商品の好感度を知りたい場合、
「あなたはこの商品が好きであるか」と聞くだけではなく、例えば「商品からど
のようなイメージが想起されるのか」や「購買した経験から何を感じたのか」を
知り、それが好感度にどのようにつながるのかを聞かねばならないだろう。

　質問項目の妥当性を確保するのによく行われるのが、以前行った同様の調査や
マーケティングに関する研究で使用された質問項目を参照する、ということであ
る。特に研究で使用され、論文として公表されている場合、項目の妥当性につい
て検討を行っている場合がほとんどである（その場合、論文内にもその記述があ
る。）。論文というと、難しく聞こえるかもしれないが、最近はインターネット等
でも論文検索ができるのでぜひ活用してみよう。

　第三に、アンケート調査では態度や行動を数値化して測定する。尺度とは、数
値化の際に、数字を割り当てる法則の事を指す。尺度には大きく分けて名義尺度、
順序尺度、間隔尺度、比率（比例）尺度の４つがある（詳しくは、次に読んで欲
しい本『１からのマーケティング分析』を参照のこと。）。

　尺度が異なれば、同じことを質問しても、測定できる内容が異なる。さらに、
尺度によって使用できる統計手法が異なる。したがって、どの尺度を利用するの
かは慎重に検討しよう。

第7章

に用いられることが多い。

　ここまで学んだことを「Ban 汗ブロックロールオン」のケースに当てはめて考
えてみよう。このケースでは探索的調査として、20〜30代の女性のグループに対
してインタビュー調査を行い、汗ジミの解消が消費者にとってのベネフィットにつ

93

❖ 第1部　顧客創造のデザイン

【表7−1　探索的調査と検証的調査の違い】

	探索的調査	検証的調査
目的	ニーズを探索する。仮説自体の妥当性を探索する。課題自体を探索する。	マーケティング施策の妥当性について検証する。
実行のポイント	対象者は少なくてかまわない。先入観にとらわれず、消費者から得られた情報を解釈し商品開発のアイディアやニーズの芽を探し出す。	多くの消費者に、施策について評価をしてもらう。考えている施策が妥当でない場合は修正、改善を行う。
主な調査手法	インタビュー調査、オブザベーション	アンケート調査、売上データ・POSデータを利用した調査

出所：筆者作成

ながるという仮説の妥当性を検討し、「脇の汗ジミ」という課題についてある一定規模のニーズがあるかどうかについてコンセプト調査を行った。検証的調査として発売前にはコンセプトテスト、パッケージテスト（シェルフテスト）、使用テストを、発売後に購入者調査を行い、マーケティング施策を行った。発売後には、購入者に対してアンケート調査を行うことで、秋冬にもニーズがあることを確認している。このように、ヒット商品の裏側にマーケティングリサーチがあることがわかるだろう【表7-1】。

　最後に、探索的調査、検証的調査それぞれで注意すべき点、さらにはマーケティングリサーチを実行するに当たって注意すべき点を解説する。

　探索的調査の目的は、これから商品開発、改良を行うにあたってそのヒントとなる情報を探したり、現在マーケターが考えている課題に関する情報を収集したりすることにある。しかし、消費者が自分たちの知りたいような情報をすぐに提供してくれるかというとそうではないことのほうが多い。

　消費者が語る改善点や不満点が、商品開発のヒントになることはもちろんある。一方でそうした点はすでに他の会社が解決している、もしくはすでに目をつけていることが多い。さらに、皆さんが突然今日飲んでいるペットボトルの飲み物について「なぜ買ったのですか」「どこが好きですか」と矢継ぎ早に聞かれてもどのように答えればよいか困ってしまうだろう。消費者は私たちマーケティングを学ぶ人間が思うほど、商品やサービスについて常日頃いろいろなことを考えているわけではない。

　したがって、マーケター（調査者）は、消費者からいかにうまく知りたい情報を引き出すか、さらには消費者から得られた情報をいかに解釈するかが重要であるこ

第7章　顧客理解 ❖❖

コラム7 −2

マーケティングリサーチを仕事にするには？

　本章では、マーケティングリサーチがどのように企業で活用されているのかを学んできた。アンケートやインタビュー、オブザベーションを通じて消費者の声を聞くということが企業にとって不可欠であることが理解できたことでしょう。それでは、こうしたことを仕事にするにはどうしたらよいのだろうか。

　第一に、企業の中で自社の商品・サービスに関わるマーケティングリサーチを担当する部署で働くという方法がある。ブランドマネージャー等、商品・サービスの担当者が担当する場合もあれば、専門とする部署（市場調査部、マーケティングリサーチ部等と呼ばれることが多いようである）が担当する場合もある。この場合、自社の商品・サービスに関わる調査を自身で計画・立案し実行をすることができる。ただし、特に多くの日本企業の場合、ジョブローテーションの中でこうした仕事を担当することが多いようである。したがって、マーケティングリサーチを仕事にしたい場合には、該当する部署に配属される必要がある。

　第二に、マーケティングリサーチを専門とする企業で働くという方法がある。様々な企業からアンケート、インタビュー、オブザベーション等様々なマーケティングリサーチを請け負うのがこうした企業で、様々な企業から依頼を受け、商品・サービスに関わる調査を行う。マーケティングリサーチにはインタビューや観察のノウハウやデータ分析に関わる統計学の知識が必要であるが、こうした企業では様々な企業のマーケティングリサーチを専門的に行うため、スキルや知識を蓄積し専門性を発揮することができる。ただし、調査結果の解釈やその上での意思決定はあくまで依頼主が行うことになる。

　近年では、自社内にマーケティングリサーチ部門があっても専門の会社に依頼をし、協力して調査を行うことも多いようである。自身の興味・関心にあわせ、マーケティングリサーチを仕事にすることを考えてみよう。

第7章

とを認識しておく必要がある。

　その第一歩は調査の目的を明確にすることである。調査で知りたいことを明確にしておくのはもちろん、場合によっては仮説を持っておくことも重要である。仮説とはある課題・問題についての解決策や提案である。ある課題に直面した際、データをもとに仮説が本当に正しいかどうかを検証することによって、解決策や提案の成功を予測することができる。探索的調査の段階ではBanのケースのようにあらか

95

❖ 第1部　顧客創造のデザイン

じめ仮説をもって行われる場合もあれば仮説自体を探すために行われる場合もある。

　次に、せっかく費用をかけて調査を行うのだから知りたいのは「今までにわからなかったこと」すなわちマーケター（調査者）自身も気が付かないようなニーズである。したがって、固定観念にとらわれすぎず、柔軟な発想で調査に臨み、その結果を熟考することが重要である。

　特に潜在ニーズについてはそれ自体に消費者も気が付いていないので、それを探り出すことは容易なことではない。しかし消費者から得られたインタビューデータ、オブザベーションデータにはそのヒントが潜んでいることが多い。結果をいかに解釈したかによってその後のマーケティング施策は大きく変わる。したがってこの部分に時間をかけることが重要である。

　一方、検証的調査の目的は「本当にこれでよいのか」を確認することにある。したがって、基本的には仮説検証を行うこととなる。例えば、発売前のある製品のコンセプトが消費者に購買意欲を高めるかどうかについて知りたい場合には、「当該製品のコンセプトである○○○が消費者に認知されると、消費者は当該ブランドの購入意向を高める」というのが仮説である。そして、この仮説が正しいことが数値データを元に明らかになれば、発売後の成功がある程度予測できるだろう。

　最後に、マーケティングリサーチ全体を通じて注意すべき点を解説する。前提として、マーケティングリサーチは市場の情報を収集する作業である。わざわざ収集するからには「今まで知りえなかったこと」を知ることがその目的であることを忘れてはならない。

　そして最も重要なのが、マーケティングリサーチの結果を元にその後の意思決定、行動を変えるということである。いくら情報を収集・分析してその結果が出ても、それを利用しないのであればそもそもその調査は必要なかったはずである。マーケティングリサーチは消費者、すなわち自分たち以外の人から情報を集めるため、情報を分析しても思ったような結果や結論がでないこともある。しかし、どのような結果や結論でも、そうなったのには理由があるはずである。その理由を検討することは、思ったような結果を出すことよりも重要である。このことを念頭に入れた上でマーケティングリサーチを実行しなければならない。

4 おわりに

　この章ではマーケティングリサーチのプロセスとその手法について紹介し、プロセスに沿った調査の実行と知りたいことに合わせた調査手法の選択が重要であることを学んだ。これまでみなさんは「リサーチ」「調査」というと「あらかじめ結果を想定しておき、それに沿った結果を出さなければならない」と思ってきたかもしれない。しかし、本当に大切なのは「消費者から得られた情報を元に、考察を重ね、自分たちの意思決定に利用する」ことである。さらに、情報収集をしたからといって必ず思ったような情報、さらには答えが得られるわけではないことも学んだことだろう。

　したがって、マーケティングリサーチを行う際に最も重要なのは、ある程度プロセスに沿い、それに合った手法を選択した上で「なぜそのようなデータや結果が得られたのか」を考察する粘り強い努力だといえるだろう。

考えてみよう　参考文献　次に読んで欲しい本　はこちら☞　
(http://www.sekigakusha.com/md/md07.html)

第2部

関係構築のデザイン

第8章

関係構築
―ガンホー・オンライン・
エンターテイメント　パズドラ

1　はじめに
2　無料のビジネス
3　関係性のデザイン
4　おわりに

❖ 第2部　関係構築のデザイン

1 はじめに

　1983年、任天堂株式会社は「ファミコン（ファミリーコンピュータ）」を発売した。日本はもとより、世界中に瞬く間に広まったファミコンは、今日まで続く巨大な家庭用テレビゲーム市場を作り出していった。

　ファミコンの登場からすでに30年以上が経ち、ゲームの形もずいぶんと変わった。かつては、ゲーム機本体とゲームソフトは分かれて販売されており、自宅のテレビに接続して利用することが当たり前だった。けれども今では、スマホ一つあれば、いつでもどこでもゲームができるようになっている。当時は、機械としか遊べない子供たちに対する批判もたくさんとあったが、今では、オンラインを通じたMMORPG（多人数同時参加型ロールプレイングゲーム）が、子供だけではなく大人たちにも人気を集めている。

　実は、ファミコン以前にヒットしたゲーム機の1つである任天堂の「ゲームウォッチ」は、もともと本体とカセットが一体型のゲーム機であり、しかも携帯型であった。もちろんタッチパネルは搭載されていなかったが、考えてみると、今と似たような遊び方だったかもしれない。オンラインを通じてみんなで遊べるようにもなったが、昔の子供たちは1人孤独にゲームをしていたわけでもない。ファミコンの時代から、コントローラーは2つ用意されていた。学校の放課後には、みんなで友達の家に集まって、わいわいがやがやとゲームを楽しむことが当たり前だった。

　その一方で、大きく変わったといえる点もある。それはビジネスの仕組みである。ファミコンの時代では難しかったビジネスの仕組みが、デジタルの時代には当たり前になりつつある。当時、無料で遊べるゲームがあろうことなど、どうして想像することができただろう。スマホ上のゲームは、しばしば無料でプレイすることができる。そうしたビジネスは、どのようにデザインされているのか。本章では、現代のゲームのビジネスを通じて、関係構築という新しいマーケティングの考え方を学ぶことにしたい。

2 無料のビジネス

❖ パズドラの台頭

　日本でスマホゲームの市場拡大を決定づけたゲームの1つに、パズドラ（パズル＆ドラゴンズ）がある。パズルゲームとRPGをスマホ上でうまくミックスしたこのゲームは、2012年に登場し大ヒットとなった。開発元のソフトウェアメーカーであるガンホー・オンライン・エンターテイメント株式会社の株価は急上昇し、2013年5月13日には、任天堂の時価総額1兆5,342億円を上回る1兆5,455億円をつけた。ゲームの売上は、2014年で月100億円程度あったとされる。

　パズドラは、iOSやAndroidの携帯端末上で動く一般的なゲームアプリである。ダウンロードは無料であり、ゲームそのものも無料で遊ぶことができる。ただし、ゲームをプレイするためには「スタミナ」が必要であり、このスタミナは一定時間が経たないと回復しない設定になっている。ユーザーは、スタミナが足りないとプレイできなくなるが、「魔法石」というゲーム内のアイテムを利用すれば、スタミナをまとめて回復させることができる。この魔法石は、2016年時点で1個120円で販売されており、運営側の主な収益源となっている。

　魔法石は、スタミナの回復以外にもいくつかの使い道がある。特に大きな用途は、レアガチャである。レアガチャは他のスマホゲームでも一般的ないわゆるガチャの一種であり、ユーザーは魔法石を使ってガチャを引き、ゲームで利用できる強力なモンスターを手に入れることができる。強力なモンスターがいれば、当然のことながらゲーム進行が容易になる。

　魔法石は、お金を払って購入する以外にも、不定期に運営側からユーザーに配布される。例えば、ユーザーの連続ログイン日数が50日を超えるたびに、無料で魔法石5つが配布される。また、4,000万人ユーザー突破記念やリリース4周年といったイベント時にも、無料で魔法石は配布され、ゲームの活性化が図られる。さらに、ゲームの保守運用に際してサーバーが一時的にダウンするなど問題が生じた際にも、魔法石が無料で配布されることがある。

　ユーザーは、こうした魔法石をうまく利用することで、無料のままでも十分にプ

❖ 第2部　関係構築のデザイン

【写真8-1　パズドラのスクリーンショット】

出所：© GungHo Online Entertainment, Inc. All Rights Reserved.

【写真8-2　スマホを利用する風景】

出所：写真AC。

レイができる。実際に魔法石を購入するユーザーの割合は公表されていないが、高く見積もった場合で全体の3-5％になると考えられる。中には、何万円分も購入するヘビーユーザーもいるという。

❖ パッケージソフトからオンラインソフトへ

　どんなゲームがヒットするのかを事前に予測することは難しい。開発費や宣伝費をかけたゲームが売れるとは限らず、あまりに大きな資金を投資することはリスクになる。各メーカーのゲーム開発は投機的であり、時流をみながらとにかく数を打つという傾向がみられる。

　もともとは、パズドラも決して例外ではなかった。責任者や開発者は、謙遜も含め、半分以上は運だったという。開発費は他のゲームと同じとされる数千万円後半であり、開発には5ヶ月程度を要した。2014年には、開発スタッフは30名弱、専従ではなく他のゲームも掛け持ちしながら開発されてきた。

　もちろん、実際の開発にあたってはさまざまな企画が練られ、合計で4回作り直されている。最初のゲームでは、パズルの動かせる方向性が限られていたので爽快感やテンポが足りず、次のゲームでは、逆に自由に動けるようにしたために簡単になりすぎてしまったという。名前についても、「ダンジョンパズル」「パズル＆ダンジョン」「パズル＆ドラゴンズ」へと変更されている。

　こうして開発されたゲームの中からひとたびヒットがでれば、他社はそのゲームの内容を模倣しながら追随し、開発した会社は、そのゲームの続編を出すことに

よってヒットの見込みを立てようとする。かつてのパッケージソフトであれば、「ドラゴンクエスト」がヒットすれば、その後類似したRPGがたくさん登場し、ドラゴンクエスト自体も2、3、4と続編を重ねていくことになる。

　スマホゲームになっても、基本的な状況は変わらない。パズドラがヒットすれば、パズドラに似たゲームがたくさん追随することになる。ただその一方で、パズドラの続編がすぐに必要とされるわけではない。より重要なのは、パズドラそのもののアップデートである。アップデートは絶えず繰り返されており、2016年2月時点で、パズドラはバージョン8まで進化している。

　アップデートでは、しばしばユーザーの要望が反映される。細かいところでは、ユーザーが保有できるモンスター数の上限引き上げや、モンスターのソート機能の追加などが行われている。また大きなところでも、ユーザーの要望に応え、モンスターの強さに関わる数値や能力の変更や、より高難易度のダンジョンの設置などが定期的に行われている。

　こうしたアップデートという考え方は、ファミコンの時代にはほとんど不可能だった。カセットやCD-ROMとしてパッケージングされてしまえば、その商品は完成だったからである。発売後に不備が見つかっても、修正することはできない。ユーザーの要望もまた、当然のことながら反映することはできない。これに対して、スマホゲームの多くは、事後的にゲームの不備を修正することはもちろん、新しいコンテンツやシナリオを追加することや、ゲームバランスの修正を行うことができる。

❖ ヒット後

　2016年2月時点で、パズドラの国内ダウンロード数は4,000万回を超える。2013年には、任天堂の携帯型ゲーム機3DS用のゲームソフト「パズドラZ」が発売され、発売3週間で100万本を超えるヒットとなった。任天堂との関係はその後も続き、2015年4月には、任天堂の人気キャラクターであるマリオが登場する「パズル＆ドラゴンズ スーパーマリオブラザーズ エディション」が販売されている。国内はガンホー、海外では任天堂が販売を担当するという。また、アーケード版としても「パズバト（パズドラ　バトルトーナメント）」が株式会社スクウェア・エニックスとともに提供され、人気を集めている。

　他社との共同した活動としては、パズドラのゲーム内でも、不定期にコラボイベ

第2部　関係構築のデザイン

ントが開催されている。例えば、2015年2月には、人気マンガ「北斗の拳」との
コラボが行われ、北斗の拳に関連した特別ダンジョンが設置されるとともに、北斗
の拳のキャラクターが登場する特別ガチャが用意された。また、同様の特別ダン
ジョンと特別コラボの設置は、人気マンガ「ドラゴンボール」や「進撃の巨人」と
のコラボイベントや、映画配信に合わせた「バットマン」や「攻殻機動隊　新劇場
版」とのコラボ、他のゲームソフトである「太鼓の達人」や「ファイナルファンタ
ジー」とのコラボ、一風変わったところで富山県高岡市の名産物が登場するコラボ
も実現されている。さらに、BEAMSやセブン−イレブンといったメーカーや小売
店もまた、ゲーム内に関連キャラクターを登場させるなどしてコラボレーションし
ている。

　こうしたコラボイベントは、運営側からみれば、ゲームを活性化させるきっかけ
となるとともに、場合によっては、新たな収益源を確保するというメリットがある。
また、コラボを提案されたり、自ら提案する側としても、数多くダウンロードされ、
多くのユーザーがプレイするゲーム上で自社の製品やサービスを告知することがで
きるというメリットや、キャラクターライセンスを期待することができる。

3 関係性のデザイン

❖ 関係性パラダイムの台頭

　1980年代ごろから、マーケティング・マネジメントの短期的な視点を改善し、
より長期的な観点からマーケティング活動を捉えていこうという議論がされるよう
になってきた。こうした議論は、これまでのマーケティング・マネジメントを交換
パラダイムに基づく活動として捉える。パラダイムとは、特定の人々の前提となる
考え方のことである。交換パラダイムでは、その都度存在している顧客の必要に
マーケティングが応えることによって、顧客と企業の間にwin-winの関係が成立す
ると考える。顧客は、交換を通じて、自身の課題を解決することができる。企業は、
交換を通じて、対価を得ることができる。まさに、顧客の必要に応えることがマー
ケティング活動であることを示している。

　これに対して、新しい視点では、交換が成立するそもそもの前提を重視し、関係

性パラダイムが提示される。関係性パラダイムでは、ニーズを持つ顧客と、そのニーズに応える企業という、一方向的で固定的な関係が見直され、win-winの交換が生まれるためには、その前提として、両者の間に良い関係が必要になることに注目する。そして、一回一回の交換を支える、関係性という基盤そのものの構築に焦点を当てるのである。ひとたび良い関係が生まれれば、継続的な交換を見込むことができるようになる（図8-1参照）。

　ファミコンの時代からスマホゲームの時代へと考えればわかりやすい。ファミコンのゲームソフトは、その都度売買される交換パラダイムで理解できる。一方、パズドラに代表される無料のスマホゲームは、必ずしも1回1回の売買が必要とされていない。むしろ、無料のゲームを遊ぶ中でだんだんとそのゲームが好きになり、時に、ユーザーはゲームの課金に応じるようになる。運営側は、短期的に収益を稼ぐというよりも、ユーザーが長期的にゲームに参加できるように配慮することで、結果として収益を見込めるようになっている。

　関係性の構築を重視する考え方は、もともと、産業財やサービス財を対象とするマーケティング活動において注目されてきた考え方であった。例えば、産業財を対象とするマーケティング活動では、トヨタやホンダといった自動車組立メーカーと、彼らに部品を供給する部品メーカーに焦点が当てられる。トヨタと部品メーカーの

【図8-1　交換パラダイムから関係性パラダイムへ】

【交換パラダイム】
1回1回の取引でお互いが最大の利益や
満足を引き出せるように努力する。

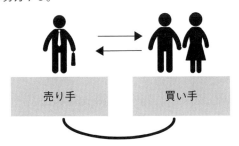

【関係性パラダイム】
交換を成り立たせている「関係」に注目し、
関係性の構築と維持を目指す。

出所：筆者作成

❖ 第2部　関係構築のデザイン

関係は、トヨタが最終顧客に自動車を販売する関係とは、少し異なっている。最終顧客は自動車を1台買うだけであり、一生の間を考えても、おそらく数回の購入にとどまる。しかし、トヨタと部品メーカーの関係は違う。繰り返し繰り返しの取引が行われるとともに、1回1回の金額も非常に大きなものになる。それゆえに、産業財における取引関係は、大規模かつ継続的とならざるをえず、1回1回の交換にだけ焦点を当てるわけにはいかない。

　また、サービス財では、その価値を事前に評価することが難しく、取引終了後においても、その価値を評価することが難しい。例えば、美容院で散髪をしてもらうという場合、よほどの違いがなければ、それで良かったのかどうかを客観的には判断しづらい。むしろこの場合では、美容師との信頼関係の方が重要になることさえある。こういった場合にも、1回1回の交換に注目するよりも、そうした交換を継続的に維持する関係性に注目したほうが見通しがよくなるというわけである。

❖ 消費財での関係性パラダイム

　こうした特定分野のマーケティング活動として注目されてきた関係性パラダイムは、デジタルの時代に入り、いよいよ一般の消費財に対するマーケティング活動でも重要視されるようになっている。その背景には、やはり環境の変化がある。

　第一に、国内外を含めて市場の成熟化が進み、新しい市場や顧客を開拓することが困難になっている。そのため、既存顧客との継続的な関係構築が求められることになった。例えば、自動車がまだ社会に広く普及していなかった時代であれば、1台目の自動車をいかにして買ってもらうのかということを考えばよかった。けれども、現在のように多くの人々が自動車を既に持っており、場合によっては複数台所有しているという時代では、新しく車を買ってもらうことを考えるよりも、既存顧客に対して引き続き自社製品を利用してもらえるように働きかけることが重要になる。

　関係性パラダイムが一般の消費財においても重視されるようになった理由の2点目として、アフターマーケットの拡大を指摘することもできる。第一の点も関連して、既存顧客に目を向ける必要があるということは、彼らが商品・サービスを購入したまさにその後から、新たに生じるニーズに注目する必要があるということを示している。自動車にしても、新車を購入して取引が終わり、後は10年間顧客との接点がなくなるというわけではない。むしろ、新車の購入を始まりとして、保険や

第8章 関係構築 ❖

コラム8－1

演劇消費

　近年消費財でも重視されるようになってきた関係性の構築は、世界に先駆けて、1990年代には日本で注目されるようになっていた。嶋口充輝による『顧客満足型マーケティングの構図』（有斐閣、1994年）や、和田充夫による『関係性マーケティングの構図』（有斐閣、1998年）がその典型である。嶋口の議論では、収益ではなく、顧客満足を求めることこそが、結果として収益に貢献するものであると考えられ、より長期的な観点からのマーケティングが必要とされていることが指摘されている。また、和田の議論では、様々な分野で関係性の構築が必要になっていることを踏まえ、ブランドのマネジメントにつながる新しいマーケティングの可能性が紹介されている。

　特に興味深い点として、和田の議論では、1つの事例として宝塚歌劇団に代表される演劇消費が念頭に置かれている。劇団と劇団のファンの関係は、通常の企業とユーザーの関係とは異なっている。彼らの関係は同志のようであり、より長期的である。こうした関係性の構築を学ぶことこそが、今日の企業に求められているというわけである。『関係性マーケティングと演劇消費』（ダイヤモンド社、1999年）で詳細に議論されるこうした新しいマーケティングは、『宝塚ファンから読み解く 超高関与消費者へのマーケティング』（有斐閣、2015年）として、さらに発展を遂げている。

　関係性の構築に際しては、本文で説明しているCRMをはじめとして、情報技術に支えられた高度な仕組みが利用されていることが多い。消費財の場合には、圧倒的多数の消費者を相手にしなくてはならないからである。ただその一方で、顧客満足やブランドという観点から考えれば、関係性の構築は突然現れた新しい考え方ではなく、むしろマーケティングにとっては古くから重要な考え方であったことがわかる。

第8章

車検、さらにはメンテナンスや場合によっては改造といった新たなサービスが求められるようになる。こうした傾向は、住宅や携帯電話を購入した後に必要となるメンテナンスなどでも同様である。このことは、今日では多くの商品がサービス化しているということも意味している。

　それから最後に第3の理由として、デジタルに関わる情報技術の発展を欠かすことはできない。POSはもちろんのこと、会員登録サービスなどをデータベース化

◆❖ 第2部　関係構築のデザイン

することによって、企業は顧客の動向をより詳細に把握することができるように
なった。これまでは産業財のように顧客の数が極めて限られている場合でなければ
コストの観点から困難であった作業が、情報技術の発展によって、容易に実現する
ことができるようになったわけである。One to Oneマーケティングや、CRM
（Customer Relationship Management）といった考え方は、こうした情報技術
の発展と強く結び付いている。

❖ プラットフォームの形成

　産業財やサービス財に始まり、消費財にも広がった関係性の構築という考え方は、
市場を1つのネットワークとして捉えることになる。消費財メーカーとユーザーの
関係、消費財メーカーと材料を供給するサプライヤーの関係、さらには、サプライ
ヤー間の関係やユーザー間の関係もまた考慮に入れることができるからである。パ
ズドラのコラボ企画は、こうした関係性をうまく利用しているといえる。

　ネットワークの中で、強力な商品・サービスを提供することに成功した企業は、
他のメーカーやユーザーたちが出会うプラットフォームを形成するようになる。プ
ラットフォームとは、その名の通り、多くの人々が行き交う駅などの場所を考えれ
ばわかりすい。例えば、任天堂が発売したファミコンは、当初は1つの商品にすぎ
なかったが、またたく間に、ゲームを遊ぶユーザーはもちろん、ファミコンソフト
を開発するソフトウェアメーカーがたくさん参入するプラットフォームとなった。
さらに、ファミコンに多くのユーザーやソフトウェアメーカーが関わるようになる
中で、ゲームに関連した機器や情報雑誌といった補完産業もまた成長していった。

　プラットフォームでは外部ネットワークが働く。外部ネットワークとは、同じ商
品・サービスをたくさんの人々が利用することによって、その商品・サービスの有
用性が大きくなることをいう。電話を使う人が増えれば、誰にでも電話をかけられ
るようになる。利用者の数に応じて、電話というプラットフォームの有用性は大き
くなる。パズドラでも、ユーザーが増えればフレンド申請もしやすくなり、マルチ
プレイもしやすくなる。

　プラットフォームの形成は、外部ネットワークにより、1つのプラットフォーム
が一人勝ちしやすくなる傾向を生み出す。ただし、現実には、プラットフォームは
しばしば複数のプラットフォームによるプラットフォーム間競争を引き起こす。任
天堂とソニーがそれぞれのゲーム機をプラットフォームとして競争したことを思い

110

第8章 関係構築

コラム8－2

フリーミアム

　無料のビジネスモデルとして、フリーミアムという仕組みや考え方がある。フリー（無料）とプレミアム（有料）を掛け合わせた造語である。フリーミアムで大事なことは、特定のユーザーについては無料でサービスを提供しながら、特定のユーザーに対して課金することによって、全体として収益を稼ぐ仕組みを構築するということである。

　フリーミアム自体は、インターネット上のサービスに数多くみられるが、発想自体は、典型的なマーケティング手法の１つでもある。例えば、最初の１回は無料で体験できるジムや語学学校は、その典型である。また、２個買ったら３つ目を無料で提供するといった雑貨品やスーツ等の販売もまた、無料と有料をうまく使い分けている。さらに、テレビ番組は無料でみることができる。言うまでもなく、テレビ会社は、宣伝によって、視聴者ではなく広告主から収益を得ることになる。

　最後の宣伝の仕組みは、インターネット上のフリーのビジネスにもよくみることができる。例えば、GoogleやFacebookを考えてみればわかりやすい。世界中のユーザーに対して、優れた検索サービスや、コミュニケーションサービスが無料で提供されている。彼らの収益源は、そうしたサービスに集まるユーザーに対する広告収入からなっている。さらに、例えばアプリゲームやニコニコ動画が典型的であるように、基本的に無料でサービスを受けることができるが、課金する場合には、より良いサービスを受けられるようになっているビジネスも存在している。

　フリーのビジネスモデルでは、何を無料にして何を有料にするのかといった線引きや、無料でどこまでサービスを提供するのかという問題が生じる。テレビであれば、視聴者を無料にして広告主から収益を得ることもできるが、一方で、ケーブルテレビなどにみるように、視聴者から直接収益を得ることもできる。また、Facebookのようなサービスでも、有料の会員サイトを提供している企業もある。

第8章

起こせばわかりやすい。そうなれば、ユーザーはどちらのゲーム機も所有するといったことが起こる。

　プラットフォームの構築や関係性の構築を目指す企業は、それゆえ、他社への乗り換えを防ぐスイッチング障壁を高めようとする。例えば、コストの調整を行うこ

111

◆ 第2部　関係構築のデザイン

【図8-2　プラットフォームのイメージ】

出所：筆者作成

とはもちろん、取引に必要になる特殊な資産を作り上げようとする。パズドラで購入した魔法石や強力なモンスターは、他のゲームでは利用できない。当然、パズドラで大きな資産を作り上げてしまったユーザーは、他のゲームに移行することが難しくなるというわけである。

4　おわりに

　本章では、マーケティングの新しい考え方として顧客との関係構築について考えてきた。パズドラに限らず、昨今の多くのスマホゲームは、かつてのパッケージゲームのような1回ごとの切り売りではなく、顧客との長期的で継続的な関係を構築し維持しながら、新しい市場を創造しようとしている。ゲームがファミコンの時代から進化してきたように、マーケティングの考え方もまた、デジタルの時代に合わせるように進化している。

　もともと産業財やサービス財で広まった関係性の構築という考え方は、今では消費財にも広く浸透し始めている。技術を変えなくても、マーケティングは大きな市場を創り出せることを提案する。けれども、今はそれだけではない。マーケティングは、1回売って終わりという続きのないビジネスではなく、むしろ長い時間の下で、企業と顧客が共に価値を見出すことのできる市場を切り開くのである。

考えてみよう　参考文献　次に読んで欲しい本　はこちら☞
(http://www.sekigakusha.com/md/md08.html)

第9章

デジタル・マーケティング
―ハウス「ウコンの力」

第1章
第2章
第3章
第4章
第5章
第6章
第7章
第8章
第9章
第10章
第11章
第12章
第13章
第14章
第15章

1 はじめに
2 「ウコンの力」のデジタル・マーケティング
3 デジタル・マーケティングの展開
4 おわりに

❖ 第2部　関係構築のデザイン

1　はじめに

　ニュースサイト、検索サイト、ブログを使用していると、サイドバナーに同じ商品やブランドの広告が表示されている。その商品やブランドは、最近、検索サイトで検索したものだった。こんな経験を持っている人は多いのではないだろうか。これはウェブサイト内の検索、訪問、クリックなどの行動を記録し、行動データをもとに嗜好を推測する。そしてその結果に連動した広告が掲載される仕組みである。1995年頃から我が国では、通信環境の整備と共にインターネットの普及が急速に進んでいる。従来はパソコンとネットワークがつながるだけの環境だった。しかし現在はスマートフォンの普及と共に、個人が常にネットワークとつながる環境となっている。さらに将来は、ウェアラブルコンピュータ（時計、メガネなどのように常時身につける形態の端末）の普及と共にいつでも、どこでもネットワークと個人がつながる環境の到来が予想されている。このような環境は使い手が魅力的な情報を、容易に手に入れることを可能とする。本章では、このような日常社会であたりまえになっているデジタル環境におけるマーケティングを学ぶ。

2　「ウコンの力」のデジタル・マーケティング

❖ ハウス食品株式会社

　ハウス食品株式会社（以下、ハウス食品）は、1913年に薬の原料を取り扱う企業として創業した。その後、即席カレーの製造を開始し、レトルトカレー、即席シチューの展開を行っている。同時に販売経路の整備と多様な広告、販促を組み合わせ、日本の食生活の習慣の一面を創り上げてきた。

　現在は、即席カレー製品に代表される香辛・調味加工商品、ウコンの力に代表される健康食品事業など4事業を展開している。2016年3月期の売上高は、2,418億円である。

　「ウコンの力」は、2004年5月にハウス食品が開発、発売した機能性飲料である。

114

第9章　デジタル・マーケティング

ハウス食品の主要製品であるカレー関連製品の原材料の1つであるスパイスの調達資源を活用して、新たな市場を攻略、創造することを目的に開発された製品である。ウコンの力には、カレースパイス素材の1つである「ウコン」が含まれている。このウコンに含まれる「クルクミン」あるいは「ビサクロン」と呼ばれる健康成分が含まれていることが製品の大きな特徴である。

　ターゲットは、飲酒の量と頻度が多い男性会社員である。発売当初から現時点までの男女比率は、65：35と変化はない。

❖ 顧客創造に向けたマーケティング活動

　ハウス食品は「バーモントカレー」、「北海道シチュー」に代表されるように、カレー、シチュー、調味料、デザートといった、主婦を中心とした女性を対象とした製品によって、新たな市場を開拓してきた。そのため、製品と共に、量販店を中心とした小売店の売場提案による営業と、マスメディアを中心とした広告と連動させるマーケティングに優位性がある。

　しかし、ウコンの力のターゲット顧客は、従来の主婦中心とは異なる30代男性の顧客、そして売場もコンビニエンス・ストア、ドラッグストアを中心とした売場であった。そのため従来とは異なるマーケティングが必要とされた。

　ウコンの力の歴史は、新たな顧客を創造することの歴史でもある。2004年、30歳〜40歳の男性会社員をターゲット顧客として、従来にない市場を創造すると、ドリンクタイプから、持ち歩きしやすい顆粒タイプを開発し、さらに需要を拡大し

【写真9−1　「ウコンの力」（写真、カシス味、顆粒）】

出所：ハウス食品株式会社

❖ 第2部　関係構築のデザイン

た。さらに、2008年度にはカシス味を発売。パッケージと味を変更し女性顧客を取り込む展開を行っている。

　ウコン飲料は、我が国の法律上、医薬品ではなく食品に該当する製品である。そのため、効果の表現方法には法律による制約がある。特に注意を払わなければならないのは、薬事法である。薬事法68条では、このような飲料に対して、「二日酔いに効く」、「特定の身体部位に効く」などの効果と結びつく表現はもとより、飲酒と結びつける表現に対して明確な基準を定めていた。ウコンの力は、機能特性を重視した製品であるとともに、その製品特性の表現については、法律で定められた中で展開をする必要があった。

　さらにウコンの力は他の飲料製品に比べ、使用タイミングが限定される製品である。限定されたタイミングに合わせて製品を思いだし、購入、使用してもらうために、制約の中で製品と顧客の接点を創り出す必要がある。

❖ 「行動動線」に添った接点構築

　2004年11月の発売時点では、ウコンの効用もその名前すらも社会に浸透してない。そこでまずは、ウコンの力が何をしてくれる製品なのかを社会に認識してもらう必要があった。

　そこで、ターゲットとなる飲酒機会が多い30代〜40代男性に人気の男性タレントをテレビコマーシャルに起用した。また、新聞広告、駅ナカ広告や車両広告などの交通広告が実施された。連動した営業活動も行われた。居酒屋と隣接したコンビニエンスストアでは、大量の陳列を店頭で実施し、商品が顧客の目にとまりやすい状況をつくりあげた。さらに、飲酒機会が近づく夕刻には、繁華街では、巨大なウコンの力レプリカを乗せたトラックを走らせると共に、大量のサンプリング（試供品配布）を実施した。このサンプリングは、当初、街頭を中心に実施していた。その後、居酒屋内でもサンプリングを実施する。特に飲酒機会が増える年末年始には、これらの活動を積極的に展開した。2006年12月前半には、延べ1,000店でサンプリングを行った（2006年12月15日 日経MJ）。2007年はこの方式をさらに拡張し、サンプリング本数を前年の4倍以上（2007年11月23日　日経MJ）の130万本とした。うち100万本は飲酒機会が増え始める11月末に集中的に実施した。（2007年11月23日　日経MJ）。その後は新たなチャネルとして、居酒屋での販売を実施している。

116

第9章　デジタル・マーケティング

　多くの人々は、二日酔いになった後、飲み過ぎたことを後悔すると共に、その対策をしてこなかったことを後悔する。つまりウコンの力のような製品は、事が起きた後ではなく、事が起こる前にその必要性に気づいてもらい、かつ実際に購入、使用する行動をしてもらう必要がある。

　日常生活において人々は活動のため、時間ごとに社会空間を移動することになる。個々の活動をどこで行うかを時間経過に添って確認すると、1つの線となる。例えば、自宅内行動、自宅から勤務先あるいは学校や店舗への移動、移動先内における行動、そして自宅への移動などである。これらの移動、行動をここでは「行動動線」と呼ぶ。

　行動動線に多くの接点を創り、動線を埋めることができれば顧客と製品との関係をつくることができる。例えば、ビジネスパーソンが平日、起床してから夜お酒を飲むまでの間には、自宅から職場、飲食店に至る行動動線が存在する。そして、会社員、学生などのセグメントごとに、行動動線はある共通したパターンを描く。

　そこで、ターゲットである会社員（人）の行動経路（空間）と行動時間（時間）にあわせ、ウコンの力との接点を創り上げていく。具体的には、平日の朝や夜、休

【写真9−2　繁華街における交通広告】

出所：ハウス食品株式会社

117

❖ 第2部　関係構築のデザイン

日の自宅においては、テレビコマーシャルによってウコンの力の存在を知らせる。自宅から勤務先への移動する経路では、新聞広告、交通広告によって商品との接触機会をつくる。勤務先から飲食店に移動する経路では、新聞広告、交通広告によって接触機会をつくる。そして夕刻には飲食店が多く集まる繁華街において、サンプリングと移動広告と共に、コンビニエンスストア店頭における陳列や飲食店において販売することを実施する。このようなターゲットの行動経路に連動し、多様なメディアを組み合わせて顧客と商品が接触する機会を増やすことができた。その結果、顧客には飲酒時にウコンの力が想起されやすい状況と、想起されると同時に購入しやすい状況をつくりあげていった。

❖ スマートフォンの普及とデジタル・マーケティングの展開

　順調に売上が拡大する中、2008年後半に入るとある課題に直面することになる。購入率の伸長が停滞していることであった。購入率停滞の要因は、認知率は90％以上となったにもかかわらず、購入経験はさほど高くないことにあった。例えば、飲酒頻度、飲酒量も多い20代、30代の男性でも購入比率は30％程度であった（日経MJ　2008年11月17日）。

　その要因を把握するため、ウコンの力の存在を知りながら購入していない顧客に対して調査を実施した。調査結果において担当者が気づいたのは、「買っている時間がなかった」、「買うのを忘れていた」、「買うのが面倒」という回答が予想以上に多かったことである。つまり飲酒をする前、あるいは後にウコンの力を購入、飲用する習慣が、定着していない顧客が多く存在することが明らかになった。

　テレビ広告、交通広告、移動広告、街頭サンプリング、そして販売店店頭、飲食店での販売といったターゲット顧客の行動に併せたウコンの力との接触機会を創り上げるマーケティングは一定の効果をあげた。しかし、それでも勤務場所、勤務先から飲酒に至る場所、時間では、顧客と接触できていない時間帯、空間が存在していた。これは既存メディアによる顧客との接触限界でもあった。

　2008（平成20）年7月11日、「アップル」は、日本でもiPhoneの発売を開始した。iPhoneの発売を契機に、携帯電話各社がスマートフォンの発売を開始し、普及がはじまった。スマートフォンと大容量通信基盤の普及は、人々が常にインターネットに接続し、画像、動画を含む大容量のデータを送受信することが可能な環境となった。

118

第9章　デジタル・マーケティング

【図9-1　行動動線に基づく顧客との接触機会開発（既存メディア）】

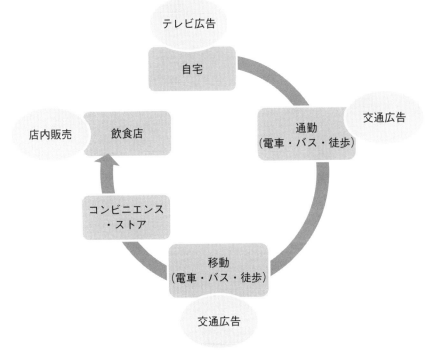

出所：筆者作成

　当然、行動動線には従来のマーケティングでは接触できない、あるいはできていない時間帯、空間が存在する。この部分は、製品の認知から購買に至る顧客行動のプロセスをつなげられていない。そのため、この時間帯、空間に、ウコンの力との接点をつくることができれば、顧客の行動動線に沿って、多頻度なコミュニケーションが可能となる。

　ハウス食品が2010年頃から導入したのが、ネットメディアの活用である。ネットメディアとは、ホームページ、メール、ブログ、Facebook、Twitterなどである。

　この時点でのハウス食品の、もう1つの課題が、顧客の若返りであった。発売後5年を経過し導入当時、30歳代だった主要顧客も40歳代となっていた。今後のさらなる成長に向けて、中心顧客の平均年齢を下げるため、20歳代、30歳代の顧客との関係づくりが求められた。当時、それらのターゲット顧客の業務、生活上の情

❖ 第2部　関係構築のデザイン

報収集、コミュニケーションにおけるネットメディアの使用は日常的になっていた。例えば、企業のオフィスには個人専用のパソコンが支給され、ネットワークに常時接続し業務を行うことはあたりまえとなっていた。また通勤においてはスマートフォンによってニュースサイトの閲覧、ソーシャルメディアの活用が日常化していた。

　そのような変化によって、従来は、接触が難しかった空間、時間帯に顧客との接触が可能となった。例えば、オフィスではパソコンを使用しながら、業務上、ネットニュースを確認する人々が多い。特に20歳代、30歳代の男性会社員はその傾向が強い。そのような場合、オフィスで使用するパソコンを介して顧客と接触することが可能である。そこで、男性会社員が職場で接触する可能性の高い媒体として、Yahoo! JAPAN ニュース（以下、ヤフーニュース）に注目した。ヤフーニュースとは、Yahoo! JAPANが運営するニュースサイトである。このトップ画面に、通信社、新聞社などが配信するニュースのヘッドラインがリアルタイムで掲載される。あるヘッドラインをクリックすると記事の詳細が掲示されるセカンド画面（トップ画面のニュースタイトルの記事配信先にリンク）の広告枠を、男性会社員のネット利用実態に合わせた購入を行い、飲食店の検索行動に合わせた効率的な広告を実施した。

　当時、既に飲酒や食事をする場合には、飲食店検索サイトを使用し店舗を検索、予約する消費者の行動は一般化していた。そこで、飲食店検索サイトへの広告を掲載した。そして予約した店舗の地図をプリントアウトすると、その地図の横には製品が同時に印刷されていた。

　両者とも職場におけるウコンの力と顧客との接触機会を創るための手段である。共に飲酒時間が近づくタイミングで広告掲載を行っている。ヤフーニュースは飲酒のタイミングで製品を思い出してもらうものである。そして飲食店検索サイトは、まさに飲酒をする可能性の高い顧客に、飲酒に近いタイミングで接触を行う。さらに店舗に向かう時には、印刷した店舗地図を確認しながら移動するため、常にこの広告が顧客の目に触れることになる。

　図9-2に示すように、自宅ではテレビ、自宅から職場への移動中にはインターネット、交通、移動広告、そして職場ではインターネット広告、さらに職場から飲食店への移動ではインターネット、交通、移動広告が、顧客の行動動線に添って接触し続ける。そしてコンビニエンスストアでの購入に結び付ける。

　このように既存メディアと相互補完的にネットメディアを活用することによって、

120

第9章　デジタル・マーケティング ❖

> ## コラム9－1
>
> ### ロングテール
>
> 　縦軸に顧客数、横軸に商品タイプをとり、顧客が多い順に商品タイプを並べて棒グラフにしてみる。するとグラフの左側に顧客数の多い商品タイプが、右側に顧客数が少ない商品タイプが並べられる。顧客数が少ない商品が右側に長く並んだ状態が、恐竜の尾のようにみえることから、「ロングテール（long tail）」（長い尾）と名付けられた。ロングテールの概念を提唱したのは、クリス・アンダーソンである。
>
> 　従来の考え方では、特定の商品に売上が集中する傾向がある。これは顧客の情報収集と、取り扱う店舗の数や店舗における陳列スペースに、限界があることが背景にある。店舗が品揃えできる商品在庫は物理的に限界がある。在庫の限界があれば、店舗も売れる商品を積極的に在庫したいと考える。売れる商品がさらに売れる現象を創り上げていく。従来のマーケティング行動を支えていた概念の1つに「パレートの法則」がある。例えば、音楽のCDタイトルはそれぞれ均等に購入されるわけではなく、特定タイトルに購入が集中する現象が発生する。特定タイトルへの集中は、経験的に全販売タイトルのうち20％程度のタイトルが、売上数量の80％程度を占める場合が多く、「ヒット商品」、「売れ筋」といった言葉で表現される。これが「パレートの法則」と呼ばれる。パレートとはこの現象を発見したイタリアの経済学者の名前である。
>
> 　一方、インターネット上の店舗では店舗面積の物理的制約による在庫上限がなくなるため、従来の店舗では取扱いが難しかった商品も品揃えできることになる。またインターネット上の店舗の商圏は、従来の店舗とは異なり日本全国だけではなく、言語制約、輸出入手制約などを解消できれば、海外にも拡大できる。商圏が拡大すれば、少数の顧客を集約することによって一定以上の売上をつくることが可能となる。そのため、従来、世の中に出ても人々に知られることが少なかった商品が、一定規模の市場を形成できるようになった。

行動動線に対し従来よりも多くの接触機会を創り上げた。

3 デジタル・マーケティングの展開

デジタルの特性を活かしたマーケティングのマネジメントについて、関係形成の

❖ 第2部　関係構築のデザイン

【図9‐2　ネットメディアと既存メディアの組み合わせによる顧客との接触機会拡大】

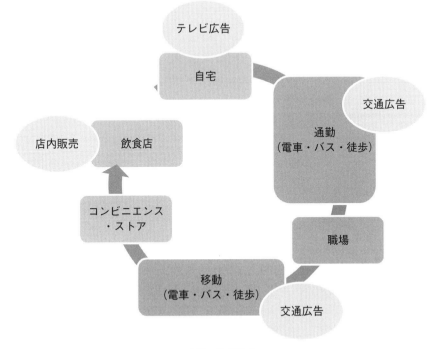

出所：筆者作成

観点から確認する。

❖ デジタルの特性：直接と双方向

　デジタル化の進展は、コミュニケーションのあり方を変えつつある。企業と個々の顧客が広域的に「直接」につながることが可能となったのである。そして顧客自身が情報を発信することが可能となった。このことは、企業と顧客との一対一の「双方向」のコミュニケーション、そして顧客間での1対多、多対多の「双方向」のコミュニケーションが可能となる。

　「直接」につながることによって、企業は、個々の顧客の状況に応じた情報の送信が可能となる。同時に、個々の顧客からの情報を受信することが可能となる。

　また、「双方向」によって企業と顧客のみならず、顧客間が常時つながることが可能となった。このことは、顧客の行動動線において、企業と顧客が双方向にコ

第9章　デジタル・マーケティング ❖

ミュニケーションが可能となる領域が拡大することを意味する。

　「直接」と「双方向」は、企業と顧客だけではなく、顧客間においても成立する。顧客同士が直接、しかも相互に情報をやり取りする中で、相互に影響を及ぼし、さらに顧客同士を通じて新たな顧客との情報のやり取りが発生する。個々の人々が有する人的つながりのことを、「ソーシャルグラフ」と呼ぶ。このソーシャルグラフが共有されることによって、個々の発信した情報は広く、迅速に伝播する。同時に他の人々が発信した情報を広く、迅速に獲得することが可能となる。

　情報を受信した顧客は、つながりを持つ人々に有益と判断すれば、その情報をそのまま、あるいはそれに発信者のコメントを加えて発信してくれる可能性が生まれる。社会のデジタル基盤の整備とデジタル情報端末を個人が所有することによって、従来、企業が行うとされていたマーケティングは、顧客がマーケティングに参加する可能性を生み出している。

　もちろん、顧客が発信する情報には、企業に協力的なものばかりではない。発言にはポジティブ（肯定的）とネガティブ（否定的）の両面が存在する。そのため顧客のマーケティング参加は、企業にとってマイナスとなる場合があることを理解しておく必要がある。

　我々は、スマートフォン、パソコンなどネットワークとつながったデジタル機器に取り囲まれた生活の中にいる。さらに、さまざまなソーシャル・ネットワーキング・サービス（SNS）が生まれ、社会に浸透している。例えば、Facebook、Twitter、LINEなどを日常的に使用するのはその例である。そして情報検索、情報交換といったコミュニケーション活動は多様性を増し、情報と人、人と人とのつながりは拡大している。そのような環境におけるマーケティングでは、情報を伝えるだけではなく、相互の関係形成につなげることが重要となる。ここでは3つの関係形成について確認する。

　第1に、「ピンポイント」による関係形成である。第2に、「対話」による関係形成である。第3に、顧客との「協働」による関係形成である。

❖ 「ピンポイント」による関係形成

　本章では、ウコンの力の既存メディアを活用したマーケティングと、ネットメディアを組み込んだマーケティングについて確認した。従来のメディアと比較した、ネットメディアを組み込んだマーケティングの特徴の1つは、顧客との関係を、特

❖ 第2部　関係構築のデザイン

コラム9-2

シェアリング・エコノミー

　シェアリング・エコノミーとは、インターネット上に構築した「プラットフォーム」（人々、情報が集まる「場」。第8章参照）を活用し、情報を共有することを通じて生まれる経済活動をいう。従来は売買、貸し借りが難しかった資源を、プラットフォームを活用することによって、社会に広く分布したニーズと結びつけることが可能となる。例えば、同じ時間に、ある場所からある場所に移動したいと思っている人々は、自分以外にも存在するかもしれない。人口が密集した地域であればその確率は高くなる。仮にその中の1人は車を所有し、座席に余裕のある状態で移動する予定とする。そのような予定のある人々の情報を多くの人々が共有できれば、空いている座席に、同じ場所に移動したい人々と相乗りできる可能性が生まれる。

　移動のニーズと資源の共有以外にも、空間、製品、能力についても、インターネットの整備とスマートフォンの普及によって共有が容易となった。さらに取引に必要となる決済、信頼の仕組みもプラットフォームに組み込むことができる。このように、情報共有は新たな需要と新たな資源を生み出すことにつながる。そして社会に潜在的に存在する資源を顕在化すると同時に、その資源を活用したい需要を生み出すのである。

　このような動きは従来の企業間取引、企業対顧客の取引に加え、顧客間取引や、顧客対企業の取引を生み出す。以上のような消費を、協働消費（コラボ消費）と呼ぶ（レイチェル・ボッツマン他（2010））。協働消費は「製品のサービス化」、「再配分市場」の創造、個人や企業が有する空間、時間、能力の「共有型生活スタイル」浸透の3つのタイプに分類され、従来とは異なる生活行動、消費行動が浸透していく。協働型消費を支えるプラットフォームには、多様な人々と情報が集まるため、さらなる経済活動を生み出すことにつながる。

定の顧客（ターゲット）に、特定のタイミング（時間）に、特定の場所で、まさにピンポイントで関係を形成できることにある。

　従来のメディアの代表であるテレビは、ターゲット顧客と視聴が重なるテレビ番組枠、時間帯枠に広告を出稿することによって、顧客との関係をつくる。だだし、ネットメディアと比較すると顧客を特定する水準は高くない。事例でも確認したように、「今晩、食事をするための店舗」の情報を職場のパソコンや、移動しながらスマートフォンを使い、検索している顧客に、まさにそのタイミングで広告を表示

することが可能となる。

　そしてデジタル環境への参加者と使用頻度が増加することによって、多くの情報が蓄積される。「ビッグデータ」と呼ばれる大量に蓄積された情報を活用することによってさらに魅力的な情報を人々に提供することが可能となる。あるサイト内の行動記録を活用することによって、個々の顧客の行動特性が理解できる。そのため個々のサイトでは、このようなアクセス者の行動を記録、確認し、その内容をもとに個々の顧客の関心がありそうなマーケティングを展開している。個々の顧客の行動記録は、蓄積が高まるほど精度の高い関係を形成することができる。このようなデジタル化の進展は、時間、場所、人に関しての従来のマーケティング活動の制約を低下させることにつながる。

❖ 「対話」による関係形成

　デジタル環境のもとでは、人々のコミュニケーション基盤の1つである多様なSNSが提供されている。これらのSNSは、多様な利用者、グループを結びつける場を提供する。

　このような場における、関係形成は、人と人との関係がより重視される。現実の人と人との関係でも、情報の一方向の「伝達」ではなく、双方向の「対話」を通じて新たな情報が生み出され、強い関係が形成される。デジタル・マーケティングにおいても同じことが重要になる。また対話は、企業と顧客だけではなく、顧客と顧客においても成立する。企業が情報を保有しその情報を伝達する従来のマーケティングとは異なり、情報が生まれる場所は、対話が行われる場あるいはネットワーク全体に広がっている。

❖ 「協働」による関係形成

　企業が情報発信の主体であり、顧客は発信された情報を受信する立場が長らく続いていた。そして、企業から顧客に提供される情報は、頻度、量とも多かった。一方、顧客から企業への情報提供は、営業、販売、リサーチ、顧客窓口など限られており、多くの場合、企業側から顧客へアクセスすることによって得られる情報が多かった。デジタル化の進展は、顧客が所有する情報を顧客が自ら社会に発信することを容易にしている。そのため企業と共に顧客が情報発信の主体となることが増加

❖ 第2部　関係構築のデザイン

し、多様な情報が多様な主体から発信されるようになっている。このような環境は、顧客が企業のマーケティングに参加する現象を生み出している。例えば、ある企画に対して共感する人々を集めて一定規模の資金を広く薄く調達する「クラウド・ファンディング」である。また顧客のアイディアを製品開発や販売予測に反映する「顧客参加型の製品開発」や、顧客による分野ごとの製品の使用方法、評価を集めた「コミュニティサイト」もその例である。このような顧客の気持を反映させる仕組みや、顧客の持つ情報を集積させる仕組みによって、社会や市場に顧客が影響を与える機会が増加するのである。

4 おわりに

　デジタル化した社会におけるマーケティングについて確認してきた。デジタルの活用は従来のマーケティングでは限界があった活動に、新たな可能性を広げてくれる。本文でも触れた「ビッグデータ」への注目はその1つである。しかし一方で、顧客、企業ともネットメディアの使い方およびマーケティングの活用においては、従来の知識や常識が通用しない領域も多い。個人情報の扱い、情報の権利など制度や判断基準などが整備されていないまま進んでいる側面もある。良い側面と課題を認識し新たな価値を創るための創造力と、社会、他者への影響を予想する創造力を企業も個人も蓄積することが今後のマーケティングには不可欠となる。

 考えてみよう 　 参考文献 　 次に読んで欲しい本 　はこちら☞
(http://www.sekigakusha.com/md/md09.html)

第 **10** 章

ディマンド・チェーン
─カルビー　ポテトチップス

1　はじめに
2　カルビー「ポテトチップス」と在庫管理
3　在庫の役割とその功罪
4　在庫管理のデザイン
5　おわりに

❖ 第2部　関係構築のデザイン

1 はじめに

　自分が欲しいと思っていた製品が店頭で売り切れていて、残念な思いをしたことはないだろうか。あるいは、新製品が発売された途端、生産能力が追い付かずに販売休止になったというニュースを耳にしたことはないだろうか。

　マーケティングは、新しい市場や顧客を創り出す企業の活動である。新しい市場や顧客を創り出すには、製品やサービスが「欲しくなる状況」だけではなく、その製品やサービスが「買える状況」を創っておく必要がある。なぜならば、市場や顧客は、実際に人々が製品やサービスを購入することで生まれるからである。自社製品を「欲しくなる状況」をつくるのと同じように重要なのは、「買える状況」を可能にする仕組みをつくることである。

　では、私たちが日頃目にしている人気製品がいつも「買える状況」にあるのはなぜだろうか？　あるいは、皆さんが、ある製品の「買える状況」を管理する仕事を担当することになったとしたら、どのようなマネジメントを考えるだろうか？　本章では、カルビー株式会社の「ポテトチップス」の事例を通じて、「買える状況」を実現する在庫のマネジメントの考え方を学ぶことにしたい。

2 カルビー「ポテトチップス」と在庫管理

❖ 「ポテトチップス」の誕生と製品を取り巻く課題

　カルビーは、現在日本のポテトチップス市場で70％を超えるシェアを誇る。2014年度の売上高は約2,200億円で、本章で紹介するポテトチップスは1975年に発売されたロングセラー製品である。近年では「じゃがりこ」、「フルグラ」、「ベジップス」なども人気がある。

　1949年創業のカルビーは、1964年発売の「かっぱえびせん」、1972年発売の「サッポロポテト」をヒットさせていた。「ポテトチップス」は1975年に発売されたが、当初から好調だったわけではない。理由の1つは、既に強力な競合が市場に

第10章　ディマンド・チェーン

【写真10-1　発売当時の「ポテトチップス」】

出所：カルビー株式会社

いたこともあるが、もう1つ重要な課題として浮かび上がってきたのは、店頭に並んでいる製品の鮮度だった。ポテトチップスは、それまでの主力製品より多くの油を使う。そのため時間の経過とともに油が回り、おいしさが損なわれてしまう。それまでの販売方法の場合、顧客が製品を購入した段階で既に鮮度が落ちていることが多く、低い評価に繋がっていた。

　鮮度を下げていた要因の1つは、卸売店や小売店への営業体制である。当時のカルビーは、営業担当者ごとにノルマを与えて定期的に成績管理していた。そのため、営業担当者は自分の取引量を少しでも伸ばそうと、取引先に押し売りする傾向があった。また、大量に購入してくれる取引先には割引等の優遇策をとっていた。結果、一度に大量の製品が流通在庫として出回り、鮮度が落ちていたのである。

❖「ポテトチップス」の魅力を高めた鮮度管理

　そこで、カルビーは製品の鮮度を重視した仕組みを整備する。菓子業界ではじめて製品に製造年月日を表示した。鮮度を重視するため、在庫日数を売上や利益と並ぶ経営指標の一つと位置づけ、製造から45日以内に店頭で消費できるようにした。
　そのために、まず、自社での生産から取引先への納入までの在庫期間を10日以

❖ 第2部　関係構築のデザイン

【写真10‐2　2015年現在の「ポテトチップス」】

出所：カルビー株式会社

内と定めた。しかし、自社内のルールだけでは消費者が製品を購入するまでのトータルの期間を短縮できない。卸売店や小売店との協力体制が不可欠である。そこで、卸売・小売での在庫期間にも期限を設定し、協力体制を構築した。

　具体的には、ゾーンセールス制を導入して、担当が定期的に店頭を回って製品の鮮度をチェックし、彼らに発注のタイミングや発注量の提案を行うようにした。取引先からすると、カルビーから発注のタイミングや量のアドバイスをもらえると店頭の製品の鮮度が上がり、彼らの品揃えの魅力も上がる。カルビーからすれば販売数量だけの管理より鮮度管理のルールを守ってもらいやすく、取引先とも良好な関係を構築できる。

　取引先と良好な関係が構築できると新たなメリットも生まれる。地域事業部制を採用してエリアごとの特売情報が収集できるようになり、不定期な販売の増減にも対応できるようにした。せっかくの販売チャンスを逃さず、売上の向上を図ったのである。

　さらに、取引先から得られた販売情報を生産計画に活用する仕組みをつくった。販売情報に基づきどの製品をどれくらいつくればよいかを計画し、常に鮮度の高い製品を供給するためである。カルビーは、販売情報にきめ細かく迅速に対応できるよう、ジャガイモ農家と契約して生産活動を支援する体制や、製造・流通を一貫管理する体制をエリアごとに整備した。

第10章　ディマンド・チェーン ❖

　こうして、カルビーは、必要となる製品の時期や量を正確に予測し、製品を鮮度の高い状態で店頭に並べられるようになった。廃棄や意図しない値引きのリスクを回避でき、長期にわたりトップブランドとしての地位を築いたのである。

❖ 鮮度管理の仕組みから生まれた新たな課題

　しかし、市場環境が変化することで課題も生じていた。たしかに、カルビーのポテトチップスは品質も良く、在庫管理の仕組みも良くできていた。しかし、収益性は次第に落ちていった。飽和状態にあったポテトチップス市場に競合企業が工場を新設して参入し、シェアを奪いにきた影響をうけて70％程度あったシェアは2008年には60％程度に、営業利益率は数％程度に落ちていた。実際、ポテトチップスの販売価格は競合製品より15円ほど高かった一方、製造原価率は他社より7％程度高く収益性は低かった（図10-1）。

　高い製造原価率の理由は工場稼働率の低さにあった（コラム10-1）。それまでのカルビーは、販売情報をもとに販売計画を立て、的確に対応するためにエリアご

【図10-1　カルビー株式会社　業績推移】

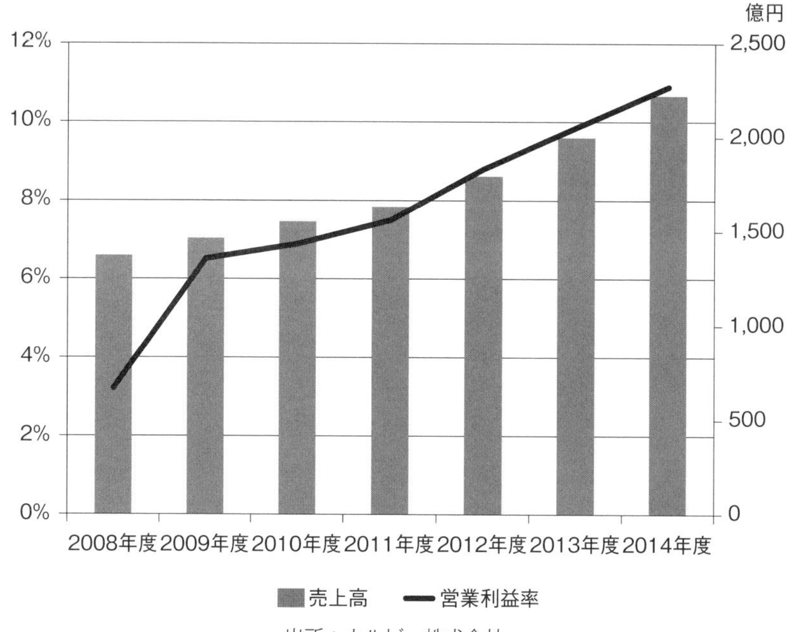

出所：カルビー株式会社

131

❖ 第2部　関係構築のデザイン

との工場で生産していた。しかし、この結果、工場稼働率が低下して製造原価率を押し上げていた。実際、2009年の工場稼働率は60％台で、週3日しか稼働していない工場もあったという。

　さらに、エリアごとの原材料調達は、原材料調達コストを高め、収益を悪化させるという問題や品質が安定しないという問題を生み出していた。エリアごとに多くの種類の原材料や資材が購入され、統合的な管理が難しかったのである。

　原材料が農産品であることも販売情報に基づく在庫管理を難しくしていた。原材料の国産ジャガイモの収穫は年1回で、収穫量はその年の天候に左右される。安定した品質のものを確実に一定量確保することは難しい。この問題はカルビーが成長して販売量が増えるほど問題化する。それゆえ、原材料にあわせた在庫管理の仕組みを検討する必要があった。鮮度管理という在庫のマネジメントは、一方で鮮度という強みを創り出していたが、他方で低収益という課題を生み出していたのである。

❖ 鮮度を維持しながら収益性を高める仕組みの構築

　そこで、在庫管理の方法を大きく見直し、ジャガイモは全部購入し、全部商品にして、全部売る方針に切り替えた。カルビーのシェアを再び奪い返すため、販売費をかけてポテトチップス市場でのカルビーのシェアを再び高めることに重点を置いた。

　すなわち、原材料のジャガイモを一括購入しつつ、スーパーをはじめとした既存の取引先に加えてドラッグストアやディスカウントストアへの販売力を強化するなど、販売費をかけてカルビーのシェアを高めた。シェアを高めればポテトチップスの販売量は増え、生産量を増やす必要が生まれて工場稼働率が上がり、製造原価率を下げられる。製造原価率が下がれば、競争力は高まるし、販売価格を下げても利益を出せるため、販売価格を下げて更にシェアを高めることも可能になる。すると工場稼働率をより一層高められ、収益力の強化に繋がる。販売情報に基づくこれまでの鮮度管理の仕組みとは異なる考え方だが、「たくさん売れれば、店頭鮮度は維持できる」という考え方に切り替えたのである。

　原材料調達体制も強化された。本社に購買部門を設置して集中的に原材料を調達する体制にした。原材料を一括購入でき、規模の経済が働いて調達コストを抑えられたうえに、余計なモノを買わなくなったほか、農家との関係性の強化に繋がった。カルビーだけでなく、契約農家の生産性も高まるよう共同体制を築き、生産体制の

第10章　ディマンド・チェーン ❖

コラム10-1

投機的な在庫管理と製造原価率

　投機的な在庫管理を行うと、一度にまとめて製品を生産することになる。投機的な在庫管理は、次のような要因から、製造原価率の抑制に繋がる。

　まず、「規模の経済」である。一度にまとめてつくると、一製品あたりの製造費用を下げられ、効率的に生産できる。例えば、製品を生産するには設備が必要になる。この設備の費用も、生産に必要な費用である。この時、この設備でつくる製品の量を増やすと、一製品あたりの原材料費は同じでも設備費用は下がる。このように、規模の経済は生まれる。製品の生産にはこの他にも、共通の専門的プロセスの費用等も必要だが、これもまた大量生産により単価を下げられ、製造原価率を抑制できる。

　また、「経験効果」でも製造原価は下がる。同じ製品をつくり続けると、生産現場の従業員が熟練したり、何度もつくるうちに生産工程を改善するなどの工夫が積み重ねられて、一製品あたりの製造原価が下がる。

　更に、「計画の経済性」も重要である。計画的に生産すると、工場で生産工程の段取り替えを行う回数を最小限に抑えられ、また、原材料の急な調達や工員配置の急な変更もする必要がない。加えて、本章で紹介したカルビーのように、工場稼働率を高めることができれば、工具の待ち時間や生産ラインが止まっているムダな時間を短くでき、連続的、かつ安定した生産が可能になる。こうして、製造原価率を抑制できる。

　延期的な在庫管理では、販売情報にあわせるために、どうしても短期間で生産する必要がある。急な生産工程の変更が必要になったり、工場稼働率を安定させにくいなどの課題を抱えるリスクが高まってしまう。

　投機的な在庫管理を行うと、規模の経済性や経験効果から、一製品あたりの製造原価を下げられることに加え、計画の経済性から、生産ラインを稼働させるコストを下げる効果が期待でき、製造原価の抑制に繋がる。

第10章

安定化を図った。カルビーのこだわりを契約農家と共有し、安定した原材料の供給体制を構築したのである。

　結果、カルビーの工場稼働率は飛躍的に改善し、2009年には65％ほどだった製造原価率は56％程度に低減し、営業利益率は10％台に上昇した。シェアも、ライバルの攻勢の中でも2009年の60％程度から2014年の70％程度にまで回復し

❖ 第2部　関係構築のデザイン

た。

　加えて、カルビーは原材料の多様化にも取り組んだ。原材料が農産品のため、生産量や品質の安定化が難しく、生産規模が大きくなるほど問題化する。そのため、カルビーはこれまでの仕組みを活かしながら、ジャガイモ以外の原料を使った製品にも注力している。「ベジップス」や「フルグラ」がそれである。カルビーがこれまで培ってきた在庫管理の考え方が、在庫問題を解決して市場での競争力の源泉となっているだけでなく、新しい市場を切り開いていく礎となっている。

3 在庫の役割とその功罪

❖ 在庫の役割

　倉庫や店舗にある製品は、在庫と呼ばれる。在庫は、直接的には、消費者に便益を提供するわけでもなく、企業に売上をもたらすわけでもない。それゆえ一見必要ないように思える。しかし、本章冒頭のように、私たちが欲しかった製品が店頭になくて残念な思いをしなくて済むのは、在庫があるからである。在庫は次のような重要な役割を担っている。

　第一に、在庫は、生産と販売のタイミングのズレを調整している。企業は、工場の操業を計画的に安定して行う必要がある。しかし、消費者は工場の操業にあわせて製品を購入するわけではない。消費は、消費者の移り気な購買意欲次第で起こる。そのため、生産と販売のタイミングにはズレが生じる。在庫があれば、こうした生産と販売のタイミングのズレを調整できる。

　第二に、在庫は、生産量と販売量のギャップを埋めるクッションの役割を担っている。在庫があれば、販売側（流通業者）からすると、店舗に消費者がいつ来ても対応できるため、品切れを起こさず販売チャンスを着実に売上に繋げられる。生産側（メーカー）からすると、販売量が変動してもその変動は在庫で吸収できるため、安定的に工場を操業できて低コストで製品をつくれる。

134

第10章　ディマンド・チェーン ❖

❖ 在庫の功罪

　このように考えれば、在庫は多いほうが良いように思える。しかし、在庫が増えると問題も生じる。まず、在庫が増えて生産から販売までの時間が長くなれば、その間に製品の価値が劣化する。発売当初のポテトチップスは、一度に大量の流通在庫が出回って鮮度が落ちていたことが問題となっていた。

　価値の劣化は、自社のマーケティングや競合との競争からも起こる。自社が製品をリニューアルして新モデルを市場に投入した場合、消費者には旧モデルは古いもののように感じられるだろう。競合が新製品を投入した場合も同様である。消費者の立場からすれば、一般的には新モデルや賞味期限の新しいもののほうがより魅力的に思えるだろう。

　このとき、企業が旧モデルの在庫を多く抱えていれば、売れずに「不良在庫」となって投入した資金を回収できなくなるリスクが高まってしまう。問題の第二は、在庫は多くの資金を要することである。

　製品を生産して在庫をつくるには、原料費等の資金が必要である。この資金が利益とともに企業の手元に戻ってくるのは、販売した時点である。もし、在庫を増やして販売までに時間がかかれば、生産に投入した資金が手元に戻るまで時間がかかる。例えば、今日生産した製品が1カ月後に売れる場合は、1カ月分の運転資金を用意すれば安定した生産を続けられるが、1年後にしか売れない場合には1年分の運転資金が必要になる。販売までの時間が長引けば、それだけ必要な資金は増える。更にいえば製品の価値も劣化するため資金が戻ってこないリスクも高まる。

　それゆえ、企業はこのような問題が生じないように、積極的に在庫を削減しようとする。在庫を削減すると、いくつかのメリットが生まれる。まず、製品の鮮度を高められる。また、スムーズなモデルチェンジや販売終了（以下、終売）も可能になる。在庫が少ないと、終売とすべき旧モデルの量も減って新製品を投入するまでのスピードを速められる。ポテトチップスの鮮度の良さは在庫管理を行うことではじめて実現していた。

　つまり、少ない在庫だと、少ない資金で、鮮度の良い製品を販売でき、モデルチェンジのスピードを高められる。鮮度の高い製品を提供できれば、消費者にも買ってもらいやすくなるため、流通業者との取引も有利に進められる。

　在庫削減はメリットを生む。しかし、改めて思い出してほしい。在庫はいくつか

❖ 第2部　関係構築のデザイン

の重要な役割を担っていた。在庫を持たないことは、それはそれで課題を生み出す。そこで企業は、品切れや生産の混乱を生じさせないよう、効果的な在庫のマネジメントを行っている。では、在庫のマネジメントの考え方には、どのようなものがあるだろうか。

4 在庫管理のデザイン

❖ 延期的な在庫管理

　延期的な在庫管理は、いつ、どれくらいの在庫をつくればよいかという判断をできるだけ販売の直前まで遅らせる（延期する）方法である。なぜ判断を遅らせるかというと、在庫管理（原材料の調達・生産・物流）を、販売を起点に行おうとする意図があるからである。在庫管理を販売情報にあわせて行うため、できるだけ最新の販売情報を在庫管理に反映させる必要がある。つまり、延期的な在庫管理は、「在庫を、小売店頭で売れた量にあわせて用意する方法」と言い換えられる。

　この考え方を実現するには、いくつかの要件が必要になる。まず、自社製品が「店頭で売れた」という販売情報を入手する必要がある。売れた時点でどの製品がどれくらい売れたのか集計しているPOSデータを小売業者から入手する、あるいは、不定期な特売情報を営業活動で収集する等が挙げられる。自社内だけでなく、原材料調達先や取引先との協力体制が不可欠である。次に、「売れた量にあわせてつくる」体制を整える必要がある。例えば、販売情報に基づいてきめ細かく迅速に生産計画を調整して生産量を変更できる体制にする、生産から店頭に製品を並べるまでの時間を短縮化した体制を整える等が挙げられる。第三に、販売情報に基づく在庫管理を全体統括する管理者が必要になる。入手した販売情報に基づき販売計画をたて、原材料の調達・生産・物流の各部門に「売れた分だけつくる（運ぶ）」よう指示を出す必要がある。

　カルビーの場合、製品の鮮度を高めるために取り組んだのは、販売情報の重視だった。不定期な特売情報も入手して、販売チャンスを逃さないようにしていた。また、販売情報を迅速に反映して柔軟に調整できるよう、エリアごとに原材料調達や生産を行っていた。更に、販売までの期間を定めて高い鮮度を実現するため、取

第10章　ディマンド・チェーン ❖

引先に在庫に関する提案を行うことで取引先からも協力体制を得ていた。これらが、販売情報を反映した在庫管理を可能にしてポテトチップスの鮮度を支えていた。

　延期的な在庫管理は、少ない在庫で販売にあわせた在庫管理を行う方法である。したがって、その強みの第一は、不良在庫の廃棄コストを削減でき、在庫コストが削減できる点である。第二に、販売情報を在庫管理により反映できるため、需要対応能力を高められる。第三に、鮮度の高い製品を常に並べることができ、製品の魅力を高い状態で維持できる。少ない在庫で対応するため、売り切り等による意図しない値引きが少なくなり、ブランドイメージの維持にも繋がる。

　一方、少ない在庫で対応するため、どうしても想定以上の販売への対応能力は低くなり、品切れリスクは高まる。更に、最新の販売情報を反映させるため、小刻みに在庫の判断を行う必要があり、その都度原材料の調達や生産を行わなければならない。カルビーが工場稼働率の低下で高い製造原価率の問題に直面したように、生産コストや在庫管理コストを高める恐れがある点にも注意が必要である。

❖ 投機的な在庫管理

　投機的な在庫管理は、在庫に関する判断を不確実でも一度にまとめて早いうちに行ってしまう（投機する）方法である。投機的な在庫管理には、予め立案された製品のマーケティング戦略を起点に在庫管理を行い、生産効率を高めながら、着実に戦略を販売に繋げようとする狙いがある。つまり、「在庫を、製品のマーケティング戦略にあわせて用意する方法」と言い換えられる。

　この考え方を実現するには、まず、マーケティング部門と在庫管理部門との連携が重要になる。マーケティング戦略を着実に反映させる必要があるためである。また、この方法では、予測に基づいて一度に大量の在庫がつくられるため、どうしても予測が外れるリスクを抱える。販売状況に応じてマーケティング戦略を柔軟に調整できる体制が重要になるという点でも、この連携は不可欠である。更に、製品のこだわりを生産の現場と共有するには、原材料の調達先とも連携が必要になる。第二に、調達先も含めた統合的な管理が重要になる。

　カルビーの場合、収益性が悪化した際に取り組んだのは、販売費を投入してシェアを高めるという戦略のもとで工場稼働率を高めることと、原材料の一括購入だった。確かに、投機的な在庫管理は、事前の予測に基づいて在庫を用意するため、在庫に過不足が生じるリスクは高くなる。しかし、カルビーの場合、投機的な在庫管

第10章

137

❖ 第2部　関係構築のデザイン

コラム10-2

ファストファッションを支える延期的な在庫管理

　延期的な在庫管理の強みを活かして画期的なビジネスが生まれた業界がある。アパレル業界である。

　この仕組みは、SPA（Speciality store retailer of Private label Apparel）と呼ばれ、製造小売とも呼ばれる。企画から小売までを統合的に管理して、販売情報を製品や在庫管理に反映し、その時々の流行に応じた製品を次々と販売することを可能にした仕組みである。

　アパレル業界に延期的な在庫管理の方法を採用してそれをSPAと名付けたのは、アメリカのカジュアルウェア大手のGAP（GAP Inc.）だと言われている。1987年のことである。しかし、今やSPAは、GAPだけでなく、形こそ少しずつ違うものの、ZARAやH&M等の世界的アパレル企業、ワールド、ユニクロ、ハニーズ等、日本の多くのアパレル企業でも採用されている。

　アパレルは流行の変化が激しい。だから、ファッションも鮮度が重要になる。しかも、事前に流行を当てるのは難しい。つまり、多くの在庫を抱えるリスクはより大きい。それゆえに、何がどれくらい売れそうか、販売状況を見極める延期的な在庫管理が多く採用されてきたのである。

　たしかに、延期的な在庫管理ではその都度生産するため、規模の経済はそれほど期待できない。しかし、不良在庫のリスクはより高いため、不良在庫を抱えてその分販売価格が上昇するよりも良いと言える。品切れリスクが高まる恐れもあるが、アパレルの場合、人とカブるのは嫌だという消費者心理が働くものである。ある程度の品切れは、むしろ消費者に製品を欲しいと思わせるための仕掛けとも捉えられる。いつ行っても同じ服が並んでいる店より、いつもこの前来た時とは違う服が並んでいる店のほうが魅力的に見えないだろうか。GAPをはじめとしたファストファッションは、延期的な在庫管理が支えているのである。

理への切り替えを、販売費をかけてシェアを高めるというマーケティング戦略と連動させて実施することで、着実に販売に繋げていた。加えて、工場稼働率を高めて安定した大量生産を実現した結果、生産コストを抑えられた。原材料の一括購入では、調達コストが抑えられたほか、生産者との連携もより統合的に行えるようになっていた。これらが、ポテトチップスの競争力を高め、収益性の強化に繋がっていた。

第10章　ディマンド・チェーン ❖

【表10‐1　2つの在庫管理のデザイン　特徴の整理】

延期的な在庫管理		投機的な在庫管理
在庫の判断をできるだけ販売の直前まで遅らせる	特徴	在庫の判断を不確実でも一度にまとめて早いうちに行う
売れた量にあわせてつくれる体制 在庫管理を統括する管理者 原材料調達先や取引先との協力体制	必要な要件	マーケティングと在庫管理の連携 原材料調達先や取引先との協力体制
少ない在庫で済む 鮮度の高い製品を並べられる 需要対応能力を高められる	メリット	大量生産、安定した生産を実現できる マーケティング戦略を着実に反映できる
品切れリスクは高い 小刻みな調達や販売でコストは上がる	デメリット	不良在庫を抱えるリスクは高い 製品の鮮度が落ちるリスクは高い

出所：筆者作成

　投機的な在庫管理の強みの第一は、安定した大量生産を実現できる点である。一度に大量の在庫をつくることで、不確実な販売に影響されず生産でき、段取り替え等のロスも減る。1回の生産量を上げると単価が下がり、規模の経済が働く。第二に、自社のマーケティング戦略を着実に販売に反映できる点も強みである。

　一方、実際の販売情報ではなく予測に基づいて在庫をつくるため、予測が外れるリスクを抱える。そのため、製品の鮮度が落ちたり、不良在庫を抱えて投入した資金が戻らなくなるリスクは高い。カルビーの事例では、長年鮮度管理に取り組んだ成果としてポテトチップスが強いブランド力を持っていたことに加え、販売費を投入したことで投機的な在庫管理の弱みが顕在化しない状況をつくっていたことが重要である。

5 おわりに

　本章では、カルビーのポテトチップスの事例をもとに、在庫の役割と、在庫を管理するための2つのマネジメントの概要を説明してきた。両者は、どちらかが優れているというわけではない。それぞれ強みと弱みを持つ。したがって重要なのは、それぞれの企業や製品をとりまく状況に応じて両者を的確に選択することである。

139

❖ 第2部　関係構築のデザイン

的確な在庫のマネジメントは企業のマーケティング効率を高める。消費者の不確実な需要に対応する組織能力を高め、マーケティング計画にあわせた安定した原材料や在庫の供給を可能にするからである。カルビーがそうであったように、企業や製品をとりまく状況が変化するごとに的確なマネジメントのあり方を検討していくことが重要である。

(http://www.sekigakusha.com/md/md10.html)

第 **11** 章

ブランド構築
―マンダム　ギャツビー

第1章
第2章
第3章
第4章
第5章
第6章
第7章
第8章
第9章
第10章
第11章
第12章
第13章
第14章
第15章

1　はじめに
2　「ギャツビー」のブランド戦略
3　ブランドの構築・維持・強化
4　おわりに

❖ 第2部　関係構築のデザイン

1　はじめに

　ビジネスパーソンはスーツを着るものだ。こんな常識にとらわれない自由な服装で勤務する人々がいる。大阪市内に本社を構える株式会社マンダム（以下、マンダム）の従業員たちである。同社は男性化粧品市場で確固たる地位にあるブランド「ギャツビー」を手がけ、自由闊達な企業文化のなかで、ジーンズやTシャツなどのカジュアル・ウェアの着用をよしとする。同社は精力的なニーズ発掘により、ドラッグストアやコンビニエンスストアで頻繁に見かけるヘアスタイリング剤、近年ではボディペーパー（拭き取り化粧水シート、2014年時点でのシェアは80％を超える）などの新規市場を開拓することに成功してきた。

　本章で取り上げるギャツビーは、若年男性が出会う初めての身だしなみアイテムを提供するブランドとして、主にマス広告においてユニークな表現を用いて多くの人の注目を集め、認知を高めてきた。また、それだけではなく、2008年から「ギャツビーダンスコンペティション」という、アジアでも最大規模のストリートダンスイベントを主催。ブランドと相性の良い映像、音楽、ダンスを通じて日本のみならず、アジア地域の多くの若者の「このブランドっていいな、自分たちのことを分かってくれている」という共感を得てきた。

　ターゲットとなる生活者の立場を理解し、彼らの役に立つ存在であり続けることを提唱するのがギャツビーのブランド・マネジメントである。本章ではマンダムの手がけるメガブランドギャツビーについて、ブランド誕生の背景からメガブランドに成長した現在までを概観し、ブランドの構築とロングセラーとして生き残るための方策について考察していくこととする。

2　「ギャツビー」ブランドのデザイン

❖ 男性化粧品市場の開拓

　男性用化粧品市場に目を向けると、市場全体が縮小傾向にあるにもかかわらず、

142

マンダムのギャツビーの市場占有率は21％でトップ、安定した伸び率を示すブランドとなっている（2014年4月～2015年3月）。このようなロングセラーブランドはいかにして誕生し、拡大してきたのか。その歴史をひも解いてみよう。

　マンダムの始まりは1927年創業の「金鶴香水株式会社」である。現社長である西村元延氏の祖父である西村新八郎氏が取締役社長に就くのが1932年、その後ポマード、ヘアクリーム（当時はヘアトリンと呼ばれていた）、薬用クリーム、石鹸などを発売し、事業の基盤を固めていく。その中でも1933年発売の「丹頂チック」は植物性原料を使った固形タイプの整髪剤で、当時好まれたヘアスタイルに適して好評を博す。丹頂という名前は、金鶴の「鶴」の一種である「丹頂鶴」から名づけられ、同製品は発売から80年以上経った現在も販売継続中のロングセラーである。その後第二次世界大戦を経て、1959年4月には社名を丹頂株式会社に変更し、男性化粧品メーカーとして知られるようになる。

　1960年代になると、当時流行したヘアスタイルにより適した液体の整髪料が台頭し、固形タイプに強みを持っていた同社は苦戦を強いられることになる。そこで1970年に発売されたのが液体タイプの整髪料を含む「マンダムシリーズ」である。同シリーズの発売に際して放映されたTV-CMにおいては、日本の広告史上初めてハリウッドスターを登場させ、世間を驚かせた。マンダム（当時は金鶴香水）は昭和の初めごろから新聞や雑誌に広告を掲載し、飛行機による宣伝や電車を貸し切った花電車、道頓堀の看板など、積極的な広告宣伝活動を行ってきた。香水の広告コ

【写真11-1　ギャツビーダンスコンペティション　2015年決勝大会】

出所：株式会社マンダム

❖ 第2部　関係構築のデザイン

ピー「一滴、二滴、三滴、素敵」は一世を風靡したと言われ、マンダムシリーズの発売に当たっても、著名な映画監督を起用し、破格の製作費用を投じて大胆な策に打って出た。

　マンダムという言葉をMAN（男）とDOMAIN（領域）を合わせた言葉とし、CMに起用したハリウッドスターがもつ「男らしい魅力」を表現するTV-CMを展開、独特の世界観と相まって、決めゼリフの「う〜ん、マンダム」は当時の流行語となる。シリーズ発売後の知名率は大都市圏（東京・大阪）の男性で90％以上に上り、一気にブランドを築き上げた。そして、同シリーズの好調を受け、1971年4月には社名を株式会社マンダムに変更する。

　その後、1970年代を通して業績は好調に推移したが、マンダムシリーズに続くヒット商品を輩出するには至らなかった。一方で、資生堂などの化粧品メーカーは直接小売店と取引する制度品システムを確立し、市場での支配力を強めていく。そのような市場環境にあって、1978年マンダムは小売店との直接取引への移行を決断し、そこでの戦略商品として投入されたのがギャツビーである。

❖ ギャツビーブランドの構築

　ギャツビーは1978年に発売され、マンダムの主要なブランドとして成長し続けてきた。製品のカテゴリーは、スタイリング、フェイスケア、ボディケア、シェービング、フレグランス、ヘアカラーと拡張し続け、国内で7カテゴリー149アイテムを抱えるメガブランドである。売上高は国内で200億円を超え、海外を含め

【写真11－2　マンダムの男性用化粧品ラインナップ（2015年）】

出所：株式会社マンダム

第11章　ブランド構築

ると年間388億円という規模になっている（2014年）。現在、ギャツビー関連の商品はマンダムの売上げの50％強を構成し、会社を支える屋台骨である。しかしながら、その船出は決して穏やかなものではなかった。

　ギャツビーは当初25歳以上の顧客層をターゲットとするヨーロッパ風の高級感、重厚感を持たせたイメージで展開されていた。しかしながら、当時のライフスタイルはライト志向、ナチュラル志向へシフトしており、同シリーズは苦戦を強いられる。そもそも、ギャツビーという名前は映画の「華麗なるギャツビー」（1974年アメリカ）に由来し、初代のギャツビーはマンダムシリーズで起用されたハリウッドスターが父となり、息子に勧める設定で導入されたが、当時のライフスタイルと上手くマッチしなかった。

　また、値崩れ防止や効率的な販売を実現するために直販体制へ移行していたが、営業・物流コストの負担が重荷となって過剰在庫が増大し、会社の経営は危機的状況に陥ってしまう。そして、ついに1980年8月には経営陣が刷新され、新体制が敷かれることになる。そのような状況下で、マンダムにはもはや新しいブランドを立ち上げる余力はなく、いくばくか残されたギャツビーの知名度を頼りにするしか再起への道はなかった。

　わずかな可能性に賭け、ブランドを再構築する取り組みが始まった。ギャツビーの主なターゲットを10代、20代前半に変更し、容器の素材をガラスからプラスティックに変更する。2代目ギャツビーの広告には当時人気を博していた日本人俳優が起用され、重厚さから感性志向、ライト感覚への路線変更を印象付けた。また、販売チャネルもコンビニを重視し、エレガントからカジュアルなアイテムに転向した。業界初の試みとして、商品の本体にPOPを貼り、セルフ販売の店頭で買い物客に対して商品が自らアピールできる方法を採った。そして現場からの声を吸い上げる情報カード制度を導入し、営業担当者の業績も情報収集能力によって評価した。量、質ともに優れた情報を発信した従業員を表彰し、販売の現場とのつながりを最重視した。マンダムは大手化粧品メーカーと違い、系列店を持たないため、店頭での働きかけや生活者の動向を掴む仕組みを独自に作り上げたのである。

　そして1985年には情報カード制度を通じて出されたアイデアが実を結び、市販品として初の泡状スタイリングフォーム（ムース）が発売され、ギャツビーはスタイリング剤の新たな定番を生み出すことになる。その後もギャツビーは10代〜20代男性をターゲットとし、その時々で新しい身だしなみ習慣を提唱しつづけ、安定感のあるトップブランドとして不動の地位を得ている。

❖ 第2部　関係構築のデザイン

コラム11-1

ブランド経験

　近年、売られているのはモノではなく「経験」であると言われることが多くなっている。機能的な次元の価値だけなく、情緒的な次元に焦点を当てることでより高い顧客の満足を創り出そうというのがブランド経験価値の基本的な考え方である。様々な顧客との接点を通して楽しみ、驚き、感動を得ることができる経験を創り出すことが重視される。経験価値マーケティングを提唱したバーンド・シュミットは、経験価値の5つのタイプとして「センス（感覚的経験価値）」、「フィール（情緒的経験価値）」、「シンク（創造的・認知的経験価値）」、「アクト（肉体的経験価値とライフスタイル全般）」、「リレート（準拠集団や文化との関連づけ）」を挙げた。

　ブランド連想は広告以外にも様々な接点で形成される。それらは、クチコミはもちろんのこと、ショールーム、イベントなどを含むだろう。例えば、高級車のメルセデスベンツが2011年から展開する「メルセデスベンツ コネクション」は「つながる・つなげる」をコンセプトとした展示場である。店では販売は行わず、本格的なレストランにカフェを併設し、「トライアルクルーズ」と呼ばれる試乗サービスなどが供されている。販売に直結するセールストークを行うディーラーとは異なり、よりブランドを身近に感じてもらえるように、直接的なブランド体験を創出することが狙いである。

　このような施設を運営したり、イベントを実施することによりブランドの認知が向上するのは、体験によって生じた感情がブランド連想の一部になり、ブランド経験価値を高めるためであると考えられる。

❖ ロングセラーブランドを支える仕組み

　ギャツビーは時代に合わせて若年層の市場を創造し続けることでブランドの価値を維持し続けてきた。時流を捉えたアイテムの投入、リニューアルを行い、旬の格好良さを提案するカジュアルな男性用コスメとして一定の支持を得てきたのである。ところで、今日、男性化粧品と聞いて想起されるものは40代、50代ではヘアスタイリング剤だが、30代以下ではスキンケアである。若年層ではヘアスタイルで強

第11章　ブランド構築

烈な個性を表現するよりも、自然な毛流れを好み、顔や体を清潔に保ちたいという意識が高まってきているのである。こういった変化の背景にあるのは、ありのままの自分らしさを重視するライフスタイルの浸透、男女共学化の進展や女性の社会進出とともに学校や職場でも清潔感を保とうとする男性の身だしなみ意識の変化である。

　そのような変化を受けて、化粧品市場において、フェイス・ボディケア（洗顔料、化粧水、日焼け止め等）は成長分野となっている（図11－1 ギャツビーのカテゴリー別売上金額の伸び率）。マンダムはヘアスタイリング剤に固執することなく、いち早くスキンケア分野でリーディングアイテムを確立、ブランドの規模を以前にも増して拡大することに成功している。そしてそのことを支えてきた仕組みが前述の情報カード制度である。

　ある日、情報カード制度を通じ、拭きとり用のフェイスペーパーの売上げ動向に関する情報が寄せられた。この兆しに可能性を感じた商品開発チームは新たなアイテムの開発に着手。すでに存在していた脂取り紙やウェットティッシュなどの既存

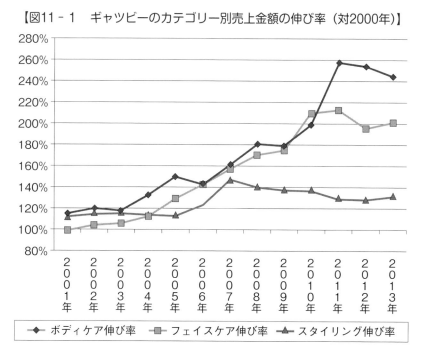

【図11－1　ギャツビーのカテゴリー別売上金額の伸び率（対2000年）】

出所：株式会社マンダム　会社資料より筆者作成

147

❖ 第2部　関係構築のデザイン

製品との差別化のために、単なるおしぼりではなく、「外出先の洗顔」というコンセプトを設定。クール感を持たせるなどの工夫をし、今日のリーディングアイテムであるフェイスペーパーやボディペーパーの確立につながった。

　この情報カード制度は、2014年度から「社内SNS」システムに移行している。現在、半年間で4,000件を超える情報発信の実績があるという。わずかな変化の兆しを捉え、商品政策につなげることのできるアイデアを出すのは特別なスタッフではない。ブランドのあるべき姿を理解し、それに基づいて気づき、行動を起こすことができる社員一人ひとりである。一般に、システム運用の成否はそれを使用する人の資質によって大きく左右されるが、同社にはブランドの方向性を理解し、若年層のニーズを掴んでブランドのベネフィットに変換することのできる社員が数多く存在している。ギャツビーは発売されてから40年近くが経ち、7カテゴリー149アイテムに拡張しているが、経営トップの指示でカテゴリー拡張がなされてきたわけではない。生活者意識の多様化に対応する形で、上述のように社員の気づきや提案があり、結果的にそれが新しい商品カテゴリーの開拓、ブランドの拡張につながったのである。

　マンダムのある重役は、ブランドを人格にたとえ、外見が変わってもその人らしさを失わないことが肝要だと語る。多様性や変化に対応するため、アイテム、パッケージ、価格、販売チャネル、宣伝に登場するタレントは変更しても、中心となるベネフィット、ロゴ、CMの世界観、シンボルカラーは変更すべきではないという。物理的な側面はそこから得られる観念的な価値をもたらすための手段であるという考え方であり、ロングセラーブランドの戦略を読み解くうえで極めて重要な考え方である。

3 ブランドの構築・維持・強化

❖ 目に見えない資産としてのブランド

　ブランドという言葉は英語のBurned（焼印を押す）から派生したといわれている。放牧されている牛の持ち主を示すために施された焼印から生成した意味である。しかしながら、現代的なブランドとは「個別の売り手もしくは売り手集団の商品や

第11章 ブランド構築

コラム11-2

デービッド A. アーカー

　ブランド戦略論の第一人者で、米国カリフォルニア大学バークレー校ハース経営大学院名誉教授。目に見えない無形の資産価値であるブランド・エクイティが企業の業績を大きく左右することを啓蒙した。米国のみならず、日本や世界各地の様々な会社の事例に精通している。親日家であり、来日スケジュールを相撲の開催時期に合わせることもあるそうだ。米国Marketing Science Institute（マーケティングの研究機関、通称MSI）がブランドを最重要研究課題に指定し、ブランドに関する研究は隆盛期を迎えるのだが、様々な分野でなされたブランドに関する議論を体系化したのが同氏である。

　本章でも取り上げたブランド・エクイティは、『ブランド・エクイティ戦略―競争優位をつくりだす名前、シンボル、スローガン』（ダイヤモンド社、1994年）で本格的に概念化され、ブランドは適切に管理すべき資産であることが強調された。そしてさらに、ブランド・エクイティはいかにして構築できるか、ということに焦点を当てたのが続く著書の『ブランド優位の戦略―顧客を創造するBIの開発と実践』（ダイヤモンド社、1997年）である。ここではブランド・アイデンティティ概念が提唱され、マーケティングの結果ではなく、起点となるべきブランドの重要性を説いた。

　ブランド・アイデンティティは、4つの視点から構成された12の次元からなっている。それらは①製品としてのブランド（製品分野、製品属性、品質および価値、用途、ユーザー、原産国）、②組織としてのブランド（組織属性、ローカルかグローバルか）、③人としてのブランド（ブランド・パーソナリティ、ブランドと顧客の関係）、④シンボルとしてのブランド（ビジュアル・イメージとメタファー、ブランドの伝統）である。もとより、アイデンティティとは「自我同一性」や「自己同一性」であり、重要な条件は①安定性または時間的な連続性、②独自性または他者からの差別化である。

第11章

サービスを識別させ、競合他社の商品やサービスと差別化するためのネーム、言葉、記号、シンボル、デザイン、あるいはそれらを組み合わせたもの」と考えられ、商品やサービスを選択する際の重要な手掛かりとなっている点に焦点が当てられる。製品やサービスには、目で見てその中身が評価できるものもあれば、使ってみなければその良し悪しを評価できないものもある。例えば、新商品にすでに知っている

❖ 第2部　関係構築のデザイン

ブランドが付与されていれば、そのブランドが品質を保証するシグナルとなる。

　ブランドには資産的価値（＝エクイティ）があるという考え方が1980年代に一般化した。その一因として、当時活発に行われた企業の吸収合併において、ブランドに金銭的価値が認められ、無形の固定資産として評価されるようになったことが挙げられる。「ブランド・エクイティとは、ブランド化された製品やサービスのマーケティングからあがる成果が、ブランド化されていないものとなぜ異なるのか」を説明するものである。つまり、経験によって形成されたブランド知識の違いがマーケティング活動に対する反応の違いを生み出すということであり、そのようなブランド・エクイティを構築するために中長期的な観点からマーケティング投資を行っていくことが重要である。なぜなら、高いエクイティを有するブランドは顧客のロイヤルティを獲得するのを容易にしたり、値下げ圧力に対抗したり、既存のイメージを活用して事業を拡大したりすることができるからである。強いブランドを構築するためには、様々な接点を通じてブランドに対する高いレベルの認知、親しみ、記憶内の強く、好ましくユニークなブランド連想を作り上げることが必要である。

❖ ブランドを活性化させるための戦略

　市場の成熟化とともに、既存のブランドの鮮度を保ち、活性化させることの重要性が増してきている。仮にブランドの新規顧客を誘う力が弱まってしまったら、既存顧客の減少をカバーすることができなくなってしまう。続いて顧客年齢が上昇するとともにチャネルの取り扱い意欲が低下し、ブランドの成熟化が進む。このような状態になると、ブランドはエージング（加齢）し、顧客の関心は失われ、ブランド・エクイティは低下してしまう。

　このような状況を回避するためのブランド活性化の方策として、ブランドのベネフィットとターゲットの新旧によって大別される4つの戦略が存在する。1つ目は既存市場対応戦略。既存顧客の評価するベネフィットを強化したり、使用機会の拡大を図ったりする（例：「○○成分強化」や「いまだけ○○％増量中」など）。2つ目は既存顧客活性化戦略。新しいベネフィットや用途などを提案して、購買や使用の頻度を増やそうとするものである（例：「○○効果が加わった」や「○○シーンでも活躍」など）。3つ目は新規ターゲット獲得戦略。既存のベネフィットに依拠しつつ、これまでに取り込めていなかった層に対して働きかけていく戦略である

150

第11章　ブランド構築 ❖

【表11−1　成熟ブランド活性化戦略】

	既存ベネフィット	新規ベネフィット
既存ターゲット	既存市場対応	既存顧客活性化
新規ターゲット	新規ターゲット獲得	新市場開拓

出所：田中洋（2012）82頁を一部修正

（例：「シニアにもオススメ○○」など）。4つ目は新市場開拓戦略である。ブランドにとって新しいベネフィットをもって新しい顧客を創造しようとする戦略である（例：ノンアルコールの○○）。

　すでに世に知られたブランド・ネームを活用して、新しい市場に参入することは、ブランドに対して顧客がすでに持っていた知識を活用し、新たな製品のブランド認知を高めたりする狙いがあり、「ブランド拡張」と呼ばれている。既存のブランドを用いることで、新たなブランドを立ち上げる費用を節約でき（流通、販促、デザインなど）、また同時にブランドの多様性を創り出すことができる。

❖ インターナルブランディング

　従来行われてきた組織の外部へのブランド・コミュニケーションをエクスターナルブランディング、内部への働きかけをインターナルブランディングと呼ぶことがある。インターナルブランディングとは、ブランドのあるべき姿（アイデンティティ）を組織のリーダーだけでなく、構成員全員が共有し、共通の価値観を醸成するための活動である。変化や多様性に対応しつつ、ブランドを実体化させるための行動を構成員自ら起こせるか否かが、成熟した市場環境においてブランドの形骸化を防ぐ上で重要である。

　多くの企業の場合、経営トップは企業のあるべき姿を示し、ブランドの意味付け（sense-giving）を行うが、そのブランドに意味を見出す（sense-making）のは従業員一人ひとりである。ブランド憲章が制定され、社内報で取り扱われ、時にはセミナーが開催されたり、ハンドブックが配布されたりすることがある。しかし、そのブランドの方向性を理解し、自らのことと捉え（自分事化）、日々の意思決定や行動において実践されなければ、ブランドは単なる「絵に描いた餅」となってしまう。組織のあらゆる実践においてブランドの「らしさ」が表出し、企業風土として根付くためには、行為を生み出す自由な組織風土、相互交流、プロセスを重視す

第11章

151

◆第2部　関係構築のデザイン

る評価制度などが必要になる。

4　おわりに

　ブランド・マネジメントと聞くと、これまでは有名なタレントをTV-CMなどのマス広告に登場させ、派手なパッケージや店頭販促で注目を集めることだというイメージを持っていた読者もいるかもしれない。しかしながら、本章で見てきたとおり、ブランドの構築は一朝一夕では成し遂げられない。長期にわたる企業自体のコミットメントや一貫したコミュニケーションの指針、また時代に適応するブランドの活性化が必要とされる。そのようなマーケティング活動を通じ、ブランドに対する信頼が構築され、商品やサービスが売れ続ける仕組みが出来上がるのである。

考えてみよう　参考文献　次に読んで欲しい本　はこちら☞
(http://www.sekigakusha.com/md/md11.html)

第12章

営業活動

―カゴメ　瀬戸内レモン

1　はじめに
2　瀬戸内レモン協定とカゴメの営業活動
3　営業活動をデザインする
4　おわりに

第1章
第2章
第3章
第4章
第5章
第6章
第7章
第8章
第9章
第10章
第11章
第12章
第13章
第14章
第15章

❖ 第2部　関係構築のデザイン

1　はじめに

「営業の仕事とは何か？」そう言われてまず思いつくのは、売るということかも
しれない。では何かを売れと言われた時、あなたなら何をどうするだろうか。あな
たの商品を買ってくれそうな人を見つけて、巧みなセールストークで説得する。頭
を下げてお願いする。つまり商談をうまく進めるといったことだろうか。しかし、
何かを売るために必要なことは、実はもっとたくさんある。

　この章の第一の目的は、営業の仕事の多様さを理解することにある。営業の仕事
は、一言でいえば売ることだが、そんな一言では片づけられない多様な活動を含ん
でいる。さらに、その多様な仕事を、上手く進めるためのポイントや工夫となると、
これもまた多様で複雑だ。営業活動を進める上でのポイントを理解することが、こ
の章の第二の、そして最も重要な目的である。

　この目的のために、カゴメ株式会社（以下、カゴメ）の営業活動の事例を紹介し
よう。カゴメが2012年2月に発売した「野菜生活100　瀬戸内レモンミックス」
と「野菜生活100　リフレッシュ　瀬戸内レモン＆ホワイトグレープ」の二つの
ジュース（以下、「瀬戸内レモン」）にかかわる、カゴメ中国支店（現在の中四国支
店）を中心とした営業活動の事例を紹介する。

2　瀬戸内レモン協定とカゴメの営業活動

❖ 東日本大震災とカゴメ

　2011年3月11日、東日本をマグニチュード9.0の巨大地震が襲った。この地震
は、巨大な津波や原子力発電所の事故を引き起こし、大きな被害をもたらした。多
くの企業も被害を受け、日本の経済もまた大きなダメージをこうむった。

　カゴメも、そんな企業の1つである。カゴメは、日本最大のトマト製品のメー
カーである。そもそもトマトを食用として日本に導入したのもこの会社である。カ
ゴメは、トマトケチャップやトマトピューレといったトマトの加工品はもとより、

154

トマト菜園の経営まで行っており、2013年現在、日本の全トマト供給量の約32.1％を供給している。またトマト以外にも、飲料などを中心に多様な製品を製造、販売している。

そのカゴメも、震災で大きな被害を受けた。人的被害こそなかったものの、物的損害金額は、棚卸資産も併せて約28億円にのぼった。またこれに被災者および被災地への義捐金・物的支援4億円なども合わせて、2011年3月期には36億円の特別損失を計上した（うち4億円は震災とは関係のない特別損失）。

特に、同社の主力工場である那須工場が操業停止に追い込まれたことの影響は大きかった。同工場は、カゴメの主力工場で、ペットボトルや缶製品など、大半の野菜飲料を生産していた。また、レトルト食品や業務用飲料を作る茨城工場も、一時閉鎖に追い込まれた。ほかにも、東北支店、いわき小名浜菜園、配送センター、東北共同物流センターなど、多くの施設で大きな被害が出た。

この結果、震災後しばらくの間、カゴメでは一部の商品供給ができない状態に陥ってしまった。営業部門にとって、売るべき商品がなくなるということは、仕事がなくなるということとほぼ同じことである。カゴメの営業担当者たちは、商品の大切さを改めて痛感することとなった。

❖ 「瀬戸内レモン」の開発

この大震災の直後に、広島市にある中国支店の支店長として赴任してきたのが宮地雅典氏であった。彼は、現場を10年担当後、本社のマーケティング部門やマネジメント部門を歴任し、支店長としての手腕にも期待が寄せられていた。しかし東日本大震災の影響で売るべき商品がないという状況では、営業活動を進めたくても進めようがない。もちろん、営業担当者はこれまで通り得意先回りを続けていたが、商品供給ができないことを詫びるだけの空しい日々が続いていた。ただ、一方ではその先を見据えて突破口も模索していた。

転機が訪れるのは、宮地氏が支店長就任のあいさつを兼ねて訪れた広島県庁でのことだった。地産のものをカゴメの調味料と一緒にコラボレーションして、店頭で提案する狙いがあった。「広島県で売り出したい食材は何でしょうか。」そう尋ねられた県庁職員の口から出てきたのは、意外にも「レモン」だった。実は広島県はレモン生産量日本一なのだ。ただ、この事実は、県外はおろか、広島県民にさえ認知されていなかった。日本一のものがありながら、それが十分に生かされていないの

❖ 第2部　関係構築のデザイン

は実にもったいない。そこでレモンを売り出すためのプロジェクトを開始すること
になった。ただ、この時点で、カゴメにも広島県の担当者にも、どのようにすれば
広島産のレモンが売れるのかというアイディアがあったわけではなかった。

　翌週、宮地氏と県の担当者は、ビュッフェ・スタイルのレストランに食事に行き、
あれこれレモンをかけて食べてみた。とはいえ、結局、何でもレモン味になるとい
うだけのことだった。それに、なんといっても、広島産レモンは高く、輸入レモン
の2倍の価格であった。しかしながら、広島のレモンと海外から輸入されたレモン
などを食べ比べてみると、味覚的な違いがあった。広島県産レモンは、海外産と異
なり、果実の延長線上のマイルドな酸味を持つ。また際立った特徴は、広島産のレ
モンは農薬をあまり使っておらず、皮ごと食べられることだった。宮地氏はこの点
に着目し、カゴメがこの特徴を生かしたメニュー開発を試みることになった。

　とはいえ、こうしたメニュー開発は、生活者に認知され、浸透するまでには相当
な時間を要してしまう。そこで、飲料で商品開発ができないかと、本社の商品開発
の部長に相談することになる。商品開発者を何度も広島に呼び、試行錯誤する中で、
様々な出会いが生まれた。広島県産のレモンの特徴をつかむため、レモン生産者と
直接話をし、JAとも打ち合わせを重ねることになる。そして、JAを経由してレモ
ン果汁を絞る会社、冷凍果汁を扱う商社を紹介されることになる。レモンの果汁で
あれば、カゴメでも商品化できる可能性が高くなる。それならばより大きなビジネ
スになる可能性がある。カゴメは、トマト以外の果物を使ったジュースなどもたく
さん商品化していたからだ。商品開発者が多くの試作品を検討し、社内の開発会議
に付議し、トップから承諾を得ることができた。そして、完成品を県の担当者に試
飲してもらったところ、大変好評であった。

　ここでもまた大きな転機が訪れる。この広島県産レモンを使ったジュースは、広
島県とカゴメの共同プロジェクトとして開発されてきたこともあり、両者の協力の
シンボルとなっていた。そこで、単に商品を製造販売して終わるのではなく、広島
県とカゴメの「瀬戸内レモン協定」の締結という形に発展する。広島県のレモンを
ジュースの原料として使うというだけでなく、レモン生産量日本一という事実を広
島県のブランド力向上に活かしていこうというわけである。また、瀬戸内地域は、
瀬戸内海によって古くから結びつきが強く、一体としてブランド力向上を図ってい
くほうがより効果的だという発想から、カゴメが瀬戸内地域全体のブランド力向上
に全面的に協力するという、カゴメと広島県の包括協定という形に発展していった
のである。

第12章　営業活動

　この段階では、このプロジェクトは、実に多くの関係者を巻き込んだものとなっていた。もともとレモン果汁の売り出しは、広島県地域政策局「海の道構想プロジェクト」とカゴメ中国支店との間でスタートしたプロジェクトであった。広島県側では、農林水産局、政策全般を扱う総務局、県知事、広報までも関係してくる。また、JAを中心にレモン生産者やレモン果汁などの加工業者も関係してくる。またカゴメ社内でも、中国支店に限らず、トップをはじめ、商品開発、広報も加わった全社的なプロジェクトとなってくる。

　こうして、宮地が初めて県庁を訪れてからほぼ10ヶ月後の2012年2月8日、広島県とカゴメは、「瀬戸内レモン協定」という協定を締結することとなった。この協定の最大の目的は、広島レモン、瀬戸内レモンの情報発信と認知度の向上である。またレモンの販売にとどまらず、瀬戸内地域全体のブランドイメージの向上や活性化、食育の推進、CSR活動に貢献するという、ビジネスの枠組みを超えた社会貢献を目標としていた。カゴメは、その土地の産品を全国に紹介する、地産地消ならぬ「地産全消」というマーケティング活動の実績がある。カゴメが持つこうしたマーケティング手法やネットワークがこのプロジェクトの目的に貢献しうると期待された。いずれにしても、地方自治体が特定のメーカーとこれほど広範囲にわたる包括的な協定を結ぶことは極めてまれなことである。特に広島県が特定のメーカーとこうした包括提携を結ぶのは初めてのことで、マスコミでも大きく取り上げ

【写真12-1　瀬戸内レモン協定締結式に臨む湯崎広島県知事（左）と
西秀訓カゴメ社長（2012年）】

出所：カゴメ株式会社

❖ 第2部　関係構築のデザイン

【写真12-2　野菜生活「瀬戸内レモン」二品（2012年）】

出所：カゴメ株式会社

られ、大変な話題となった。

　この協定のシンボルとして出来上がったのが、期間限定商品の「野菜生活100　瀬戸内レモンミックス」と「野菜生活100　リフレッシュ　瀬戸内レモン＆ホワイトグレープ」の二品である。瀬戸内レモン協定の発表を受けて、その直後に全国で発売されることとなった。

❖ 「瀬戸内レモン」の販売

　この製品の販売に関しては、カゴメ中国支店の営業部門のモチベーションは極めて高かった。ここまでの一連の動きは、中国支店の営業部門の提案で始まった動きであり、協定を結んだ広島県に対しても、JAやレモン生産者に対しても、また商品開発の企画を受け入れてくれたカゴメ本社に対しても、営業担当者たちは大きな責任を負うことになった。

　震災後の商品供給ができないという厳しい状況の中、当時の中国支店のモチベーションは必ずしも高くはなかった。担当エリアは中国・四国9県であったが、各営業マンが目の前の担当エリアや担当企業のことばかり考えていて、あまり連携することもなく、自分の持ち場の範囲内で最低限の仕事をこなしていた。ところが、瀬戸内レモン協定という起死回生のチャンスを自分たちでつかんだ彼らは、もはやそれまでの彼らとは違っていた。売れと指示された商品ではなく、自分たちで作り上

げた商品を、自分たちの責任で売る。中国支店の営業担当者たちは、まるで生まれ変わったかのように熱心に営業活動に取り組んだ。

その熱意からか、瀬戸内レモンの発売にあたっては、流通チャネルからも通常では考えられないような大きな協力を得ることができた。自ら開発した商品を売るという責任感や熱意は、スーパーのバイヤーや売場の担当者など、小売の現場にも伝わっていった。

もちろん、ビジネスである以上、熱意だけでは協力は得られない。この点に関しては「瀬戸内レモン協定」の影響が大きかったのは間違いない。広島県が特定のメーカーと包括提携を結ぶというのは、県政史上初めてのことであり、マスコミにも大きく取り上げられた。つまり事前の宣伝効果は抜群であり、順調な売上げが見込まれた。また、この商品は「野菜生活」のシリーズの1つとして開発されたものであり、「野菜生活」そのもののブランド力にも定評があるところであり、この点からも順調な売上げが見込まれた。さらに単なる商品の販売ではなく、それを通じて広島県や瀬戸内地域全体のブランド力を高めていくという、企業の枠を超えて協力し合える理念があったことも見逃せない。こうした要素と、カゴメの営業担当者の熱意とがあいまって、通常では考えられないような大きな協力を流通チャネルから得られることになった。

まず、発売前から、多くのスーパーで、売り場担当者が自ら手書きしたPOPによる発売予告が行われた。方言を取り入れるなどして、地元の消費者にアピールするような様々な工夫を施したものが多かった。

販売前からのこうした販売チャネルからの協力体制は、商品が実際に発売されると、より一層強まった。売り場担当者による手書きPOPは、発売前同様に作られ続けた。さらには、スーパーの店頭で、売り場の一角を埋め尽くすように瀬戸内レモンが並べられたり、商品パッケージを瀬戸大橋の形を模して積み上げたディスプレイが行われたり、発売とほぼ同時期に開業した東京スカイツリーを模したディスプレイが行われたりするなど、通常では考えられないような大規模なディスプレイが行われた。他メーカーの商品も含めて多様な商品を一緒に陳列するクロス・マーチャンダイジングと呼ばれる手法も盛んに用いられた。クロス・マーチャンダイジングは、同一テーマの商品や、消費者が一緒に買えたら便利なものなどを集めて、一緒に陳列することで訴求力を高める手法だ。ただ、これを実現するためには、カゴメだけでなく、他のメーカーとの協力が必要になる。瀬戸内レモンの場合、広島県との協定の後ろ盾もあり、他のメーカーからの協力を得やすかった。また、広島

159

❖ 第2部　関係構築のデザイン

県庁前のコンビニエンスストアでは、瀬戸内レモンだけで100列（陳列用語では100フェイス）以上という、異例の陳列が行われた。コンビニエンスストアの売り場はPOSデータに基づいて最適化するのが基本であって、県庁の後ろ盾があったとはいえ、たった1つの商品に100フェイスを割り当てるなど、あり得ないことであった。

　瀬戸内レモンは、2012年2月21日から5月末までの期間限定商品であったが、この期間で、1,680万本を売り上げる大ヒット商品となった。また、この商品の中国支店管内の売上は、全体の14％に当たる221万本。同じ「野菜生活」シリーズで2011（平成23）年に発売された「デコポン」の場合、全国の売上が1,300万本、中国地方の売上げはその8％に当たる103万本であった。このことから瀬戸内レモンの中国地方での売上げが、通常以上に高かったことがわかる。中国支店管内の流通チャネルの異例の協力、それを引き出した中国支店の営業担当者の努力の成果ともいえるだろう。

　また、この瀬戸内レモンがきっかけで、広島レモンの認知度は全国でも急激に高まり、広島県ではレモンを使った商品の開発が急激に盛んになっている。またこの動きは、全国に広がり、カゴメと地方自治体の協定に基づいた商品開発や県産品のPRなども行われるようになっており、地域活性化にもつながっている。瀬戸内レモンは単なるヒット商品ではなく、広島県産レモンそのものに対する市場を創造するきっかけにもなったのである。

3 営業活動をデザインする

❖ 営業と販売

　瀬戸内レモンの事例から我々がまず学ぶべきことは、営業活動に関連する活動の多様さであろう。この事例では、まず商品の開発そのものが、営業部門を起点として行われていた。また販売面では、小売業者から、どれだけの協力を、いかにして引き出すかということが、重要なポイントであった。小売業者から大きな協力を引き出すために、広島県との間で締結した瀬戸内レモン協定が大きく役立っていた。もちろん、この協定は広島県とカゴメ本社が締結したものだが、そのお膳立てをし

第12章 営業活動

コラム12－1

宮地雅典氏
カゴメ株式会社　執行役員大阪支店長

　宮地氏は、2011年から13年にかけて中国支店長を務め、「瀬戸内レモン」大成功の立役者となったまさにその人である。

　そんな宮地氏も、新人時代は営業に向かないと思っていたそうだ。宮地氏が入社した1984年当時、カゴメ社内では営業のコツはKDH（カン、度胸、ハッタリ）だと言われていたそうだ。カゴメに限らず、この当時の営業は、交渉術の世界だったということだろう。

　しかし、1980年代の後半には、PCやPOSシステムの普及により、これまでは全く把握できなかった小売店頭の動向に関するデータが入るようになってきた。そのデータをきちんと分析することで、何をどうすれば売れるのかを考えることができる。つまり、提案型営業の時代になってきたのだ。KDHの世界にはなじめなかった宮地氏だが、提案型営業の世界ではいかんなくその力量を発揮し始める。広域小売業を担当し、本社でマーケティング、売場開発、営業教育や営業情報システムの開発、その後、営業部門の管理職として現場の指揮をとってきた。

　宮地氏は、提案型営業のためには、ネットワークが重要だという。もちろん提案内容も重要だが、その提案の実現は自分一人ではできないからだ。しかもネットワークを「つなぐ力」だけでなく、「つないでおく力」も大事だと言う。付き合いが少なくなった相手でも、それが思わぬところでアイディアの源泉になったり、心強い協力者になってくれたりすることもあるからだ。

　また宮地氏は、入社以来、人より2時間早く出社することを習慣にしているという。クリエイティブな提案型営業を次々と実現するためには、市場を俯瞰する一方、常に現場を見て、人の動きも見極めなければならない。そのためにじっくり考えたり、勉強したりという時間は、勤務時間中にはなかなか取れないのだ。瀬戸内レモンの成功も、こうしたたゆまぬ努力の産物だったのかもしれない。

第12章

たのは営業部門だった。

　このように、営業活動とは、実に様々な活動を含んでいる。もちろん、ここまで大掛かりな例は少ないかもしれないが、顧客と日常的に接している営業担当者が、顧客の要望を吸い上げて商品開発部門にフィードバックするといった事例は、カゴメ以外の企業でも見られることである。

161

❖ 第2部　関係構築のデザイン

　また、この事例では、流通業者や広島県など関連団体から、大きな協力が得られ
ていた。メーカーが行政と連携して消費者に情報発信するということは珍しいこと
ではあるが、成功すれば大変有効な方法である。また、多くのメーカーは、卸売業
者や小売業者を仲介として商品を消費者に届けているのであって、流通業者や関係
団体からの協力を得ることは、メーカーの営業担当者にとって極めて重要な仕事に
なっている。営業活動にとって、確かにモノを売るのは重要な仕事だが、営業を販
売と同一視していると、このような営業活動の多様な側面を見逃してしまう。

❖ 営業と「つなぐ力」

　営業を販売と同一視していると、瀬戸内レモンの大きな成功をもたらした要因も
見えなくなってしまう。瀬戸内レモンの開発から販売に至るまで、実に様々な活動
があることは既にみたとおりだ。そして、さらに重要なのは、その様々な活動は営
業部門の内部で完結するものではないということである。どんな活動をするにして
も、その活動を実際にしてくれる人は営業部門の外にいる。その人を探し出して、
その人の協力を引き出して、一緒に活動をしていかなければ、営業部門が行う様々
な活動は前に進まない。営業担当者には営業活動を進めるために必要な様々な人た
ちを「つなぐ力」が求められるのである。こうしたことから、営業担当者は境界連
結者（boundary spanner）と呼ばれることがある。
　だとすれば、つながりをデザインすることこそが、営業活動のデザインにとって
極めて重要になる。人脈など、ネットワークの形がどのような帰結をもたらすかと
いうことを研究するネットワーク理論という研究分野がある。それによると、異質
なもの同士のつながりは、情報探索に適しているとされる。広島県産レモンという、
生産量1位でありながら埋もれている食材があるという情報が、カゴメの営業担当
者がネットワークをつなぐことによって各方面に流れたことが、チャンスの発見に
つながった。また一方で同質的なもの同士のネットワークは結束を強化して、協力
体制を作るのに適している。カゴメの営業担当者の熱意と努力が、従来からの取引
先を1つにまとめ上げたことで、大きな協力を引き出すことにつながった。カゴメ
の営業担当者の活動は、ネットワーク理論の観点から見ても、理にかなった行動
だったのだ。

第12章　営業活動 ❖

コラム12−2

キーパーソン分析

　ネットワークを構築したり維持したりする際は、もちろん、個人的な信頼関係や相性といったことも重要だ。しかし、仕事としてネットワークを構築するとなれば、相性のいい相手とだけ付き合っていればいいというわけにもいかない。それどころか、敵対関係にある相手を、何とかして味方につけなければならないことさえある。

　そんな時に役に立つのがキーパーソン分析である。特定の案件に関係する人たちをリストアップし、その案件への影響の大きさ、態度（好意的か敵対的か）をチェックしていく。各関係者との接点を探り、好意的な相手はその状態をうまく維持し、敵対的な相手はできるだけ好意的（少なくとも中立的）になってもらえるよう、説得していく必要がある。そのためのシナリオを作るための手法がキーパーソン分析である。

　本章で紹介したカゴメで使われている手法ではないが、一般的に営業活動や、プロジェクトの推進などにもよく使われる手法だ。

【表12-1　キーパーソン分析】

氏名	重要性	態度	仕事上の関心事	個人的な関心事	つながり	対策
	大 中 小	好意的 中立 敵対的				
	大 中 小	好意的 中立 敵対的				
	大 中 小	好意的 中立 敵対的				

第12章

4 おわりに

　この章で私たちは、営業活動の多様さを学んだ。営業活動といえば販売と同じこ

163

❖ 第2部　関係構築のデザイン

とだと思っていた読者も少なくないだろう。確かに、販売は営業活動の重要な一部だ。しかし、その販売を行うためには、実に様々な活動を行わなければならないということが理解できたはずだ。

　また、この章では、その営業活動を進める際に、何が重要になるのかということについても解説をした。営業活動といえば、巧みなセールストークや、顧客との信頼関係といったことが重要になると思っていた読者も少なくないだろう。しかし、瀬戸内レモンのように、3か月の間に、全国で1,680万本、中国支店管内だけで221万本もの大量の商品を売るというときに、セールストークが多少うまいからといって、なんの影響があるというのだろうか。

　むしろ大切なのは「つなぐ力」だ。営業活動には実に様々な活動が含まれていて、そのほとんどが営業部門の内部だけでは完結しない。様々な仕事を実際に行ってくれる人や組織を見つけ出し、その人や組織から必要な協力を引き出すことが重要だ。結局営業とは、つなぐことによって、商品を消費者に届ける大きな流れを作り出していくことだと言えるだろう。

　とはいえ、つなぐことはそう簡単に実現できるものではないということを最後に確認しておきたい。実際、カゴメの成功も、東日本大震災で売るものがなくなるという、ある種の偶然が生み出したものであるともいえる。ただ、だからといって、私たちは運を天に任せるしかないというわけでもないのだ。カゴメの営業担当者は、運をつかむための努力をしていた。また偶然見つけた広島県産レモンというチャンスを、ヒット商品につなげるための努力もしていた。その結果が、ネットワークの形成と、商品のヒットに結びついた。それは偶然の産物かもしれないが、偶然を生み出す努力や、偶然起きたことをつかみ取る努力はできるのである。瀬戸内レモンの成功も、その成功を導いたネットワークも、そんな努力の結晶だったのだ。

考えてみよう　参考文献　次に読んで欲しい本　はこちら☞
(http://www.sekigakusha.com/md/md12.html)

164

第 3 部

競争・共生のデザイン

第 **13** 章

マーケティングの戦略展開

─花王　ヘルシア緑茶

1　はじめに
2　戦略とは
3　マーケティングにおける戦略の進化
4　おわりに

❖ 第3部　競争・共生のデザイン

1　はじめに

　何のために、どこで、どのようにお茶を飲むのかと聞かれたとき、かつての日本人であれば「喉が渇いたときや一息つきたいとき、あるいは来客をもてなしたいときに、自宅で、急須で淹れて」といった回答が多かっただろう。しかし1980年に伊藤園が世界で初めての「缶入りウーロン茶」を開発・発売して以降、「自宅で」「急須で淹れて」という回答は減っていくことになる。それでも多くの消費者にとって、お茶とは喉の渇きを癒すものであったり、一息つくための手段であることには違いなかった。

　喉の渇きを癒したり一息つくためのものであれば、多くの消費者が美味しいお茶、飲みやすいお茶、あるいは安価なお茶を求めたことにも合点がいくだろう。しかし現在では、体脂肪を減らすため、血圧や血糖値を下げるためなど、様々な目的をもってお茶を飲む消費者が存在する。すると、それまでに絶対的に肯定されていた味や飲みやすさ、量や価格といった基準が必ずしも絶対的な基準ではなくなってしまった。

　このようにお茶がもつ効用・価値を大きく変えた商品の1つとして2003年に発売された花王株式会社の「ヘルシア緑茶」が挙げられる。ヘルシア緑茶はお茶に含まれるカテキンが体脂肪を消費するという効果に着目し、運動や食事制限によることなく体脂肪を減らすことができるお茶として発売された。その際、味や飲みやすさよりもカテキン濃度を重視し、1本あたりの量もそれまでに最も多く採用されていた500mlから350mlに変え、価格も一般のペットボトル入り緑茶よりも5割程高い180円という価格設定にした。この意味においてヘルシア緑茶はお茶を選ぶ基準を激変させた商品であるということができる。

　本章ではこのヘルシア緑茶を題材に、これまでマーケティングの基本概念について理解した読者の皆さんに、これまで個別具体的に語られてきたマーケティング諸活動を方向付ける戦略という概念について理解してもらいたい。

168

2 戦略とは

　一般的な意味で戦略というと、戦いにおける準備や計画、運用を指すことが多い。具体的にスポーツの場合で言えば、試合前の選手のコンディション管理、調子の把握、ベストメンバーの選定、そして試合中の選手の起用や指示といったことが戦略に含まれる。屋外スポーツの場合であれば天候やグラウンドのコンディションも勝敗に影響しそうだし、「彼（敵）を知り己を知れば百戦危うからず」という孫子の言葉にもあるように、競争相手のことを分析・把握することも非常に重要だろう。つまり、戦略とは自分と競争相手、そして両者がおかれた環境のことを理解し、勝利という目標に向けて計画を立て、状況に応じて打ち手を変えることを意味する。その際、目標設定、自社資源の活用、環境分析、計画策定という4つが戦略を構成する。そこでマーケティングと戦略の関係を扱う本章においても、これら4つについて順に考えていくことにしよう。

❖ 目標設定

　スポーツの場合、戦略を立てる際の目標といえば試合に勝利することが大半だろう。しかしマーケティングにおける戦略では、そこで設定される目標は多岐にわた

【写真13-1】

出所：花王株式会社

❖ 第3部　競争・共生のデザイン

る。たとえば本書第4章で取り上げた価格設定1つを例に挙げても、売上げを最大化する場合と利益を最大化する場合、あるいは知名度を最大化する場合では価格設定の方法は異なってしまう。

　花王が2003年にヘルシア緑茶を発売した際、当初はスーパーやドラッグストアなどでは置くことがなく、首都圏のコンビニエンスストア限定で発売されていた。新商品の発売において知名度を上げたり売上げを一気に伸ばすためであれば、なるべく多くの販路に並べたほうが有利なのは言うまでもない。しかし、最初からスーパーに並べてしまうと、そこで値引きされ、ブランド価値を損なってしまうということもある。そのため、ヘルシア緑茶のように、飲料の主要チャネルであり、なおかつ定価販売が基本であるコンビニエンスストア限定で並べることがブランド価値を守ることにつながることもある。この例からも、目標の設定の仕方によってその後のマーケティング活動が180度変わることすらあるのだということが理解できるだろう。

❖ 自社資源の活用

　ヘルシア緑茶は花王にとって初めての飲料品であった。では、なぜ花王がわざわざ飲料品に進出したのか。それは、同社がそれまでに長年にわたり健康食品、特に体脂肪低減に力を入れた研究開発を行っていたからである。ヘルシア緑茶より4年前に発売し、同社が初めて消費者庁許可特定保健用食品（トクホ）の許可を得た「健康エコナクッキングオイル」を開発する際に培った技術があったからこそ、同社にとっては全くの畑違いの分野であるヘルシア緑茶への進出が可能だったのである。

　この例で見られるように、他社との競争関係だけでなく社内の能力や資源に目を向ける考え方を資源アプローチという。一般に企業がもつ資源には、ヒト、モノ、カネ、情報があり、これらをいかに活用して競争に打ち勝つかを考えるのも、戦略立案では非常に重要なことである。自社が有するどのような資源が競争上有利に働くのか、あるいは競争上自社に何が足りないのかを判断しそれに基づいて競争手段を変えることは、競争を有利に運ぶために重要な要因である。特に、他社が容易に模倣できない資源をもっているのであれば、それを活用するに越したことはない。そのため、長期的に考えるならば、他社がもたない資源を蓄積していくことも競争上重要な戦略となるであろう。

170

第13章　マーケティングの戦略展開 ❖

❖❖ 環境分析

　これまでの説明で、花王がヘルシア緑茶を販売するための販路としてコンビニエンスストアが必要であったということ、そして、長年培われた技術が欠かせなかったことが分かるだろう。しかし、それらが揃っていれば花王はこの商品を発売し、大ヒットを遂げることができたのだろうか。おそらく、答えは否である。

　花王がヘルシア緑茶で成功を収めるためには、多くの中高年の男性が健康志向となって体脂肪の低減に意識を向けている必要があっただろうし、健康増進法という法律によって特定保健用食品（トクホ）という表記が認められていなければ、ヘルシア緑茶が体脂肪の低減に効果があるということを消費者が納得することもなかったかもしれない。

　あるいは、そもそも緑茶をペットボトルで飲むという行為が根付いていなければいけなかっただろう。伊藤園のホームページによると、同社が世界初のペットボトル入り緑茶飲料を発売したのは1990年だそうだが、伊藤園が「お～いお茶」によってペットボトルで緑茶を飲むという文化を日本に根付かせていなければ、ヘルシア緑茶がヒットしたかどうかは分からない。

　このように、企業は自身がおかれた環境によってマーケティングを変える必要がある。そこで、企業が考慮すべき代表的な環境を図13-1に示しておこう。

　これらの資源が自社にとって競争上機会となるのか脅威となるのかを判断することにより、より効果的な戦略を構築することが可能になるのはいうまでもない。

【図13-1　代表的な環境の例】

```
■ マクロ環境
　人口、経済、自然環境、技術、法律、文化　など
■ 消費者行動
　誰が、いつ、どのように、なぜ、何を　など
■ 取引業者
　供給業者、流通経路、提携企業　など
■ 競争環境
　誰が、どのように　など
■ 市場状況
```

出所：筆者作成

第13章

171

❖ 第3部　競争・共生のデザイン

❖ 計画策定

　目標を定め、自社が有する資源と置かれている環境を見極めたなら、次に行うのは具体的な計画を策定することである。この具体的な計画をもとに目標を達成することを通し、企業は最終的に自社の経営理念を具現化する。経営理念とは自社がどうありたいかを示したものであり、花王の場合であれば「豊かな生活文化の実現」を使命としている。この経営理念を実現するために戦略目標が設定され、例えば5年後の売上げ××億円達成といった数値や、業界内トップ認知度といった順位目標が設定される。

　これらの目標を達成する方法は、もちろん1つではない。例えば5年後の売上げを××億円にするためには、頻繁に新商品を投入するという方法や広告を増やすという方法、あるいは流通段階で様々なキャンペーンを行うという方法もあるだろう。計画を策定する際には、必ず複数の代替案を用意し、自社資源や経営環境の変化を考慮して最善の方法を選ばなくてはならない。単に思いつきで計画を練るのではなく、代替案の中から最善の方法を選びぬき、それ以外の方法は思い切って捨象するところに、戦略の戦略たる所以があるのである。

❖ 戦略立案における2つの側面

　絶えることなく変化し続ける状況下で自社が成長を遂げるためにどのような戦略を打ち立てるのかを「成長戦略」という。一方、通常、企業がマーケティング活動を行う際には自社だけで行っているのではなく、競争相手との関係の中で活動を行うことになる。そのため、競争への対応も欠かすことができない。この競争に対応するための戦略を「競争戦略」という。

　周知の通り、花王はそもそも飲料メーカーというわけではない。そのため、自社の成長を考えた際、茶系飲料を開発・発売するという選択肢が前提というわけでも必然というわけでもなかった。事実、ヘルシア緑茶の前には「フローリング用クイックルワイパー」のような住居用掃除用具へ進出しており、茶系飲料での競争を志向していたわけではない。

　むしろ、単なるお茶というだけなら、伊藤園やサントリーといった強力な競争相手の存在から、その市場への進出を躊躇することも当然考えられたであろう。また、

第13章 マーケティングの戦略展開 ❖

> ## コラム13−1
>
> ## 佐川幸三郎氏と商品開発５原則
>
> 　花王元会長佐川幸三郎氏は、企業の最も重要な機能の１つにマーケティングを位置づけ、マーケティングの重要性を早くから訴えた人物として知られている。その佐川氏が1970年代初めに唱え、今も花王で外してはいけない軸として守られているものに「商品開発５原則」というものがある。
>
> 　商品開発５原則とは、花王が新商品を開発する際、１つでも満たされていなければ開発を見送るというものであり、
>
> 　１．社会的有用性の原則：
> 　　　社会にとって、今後とも真に有用なものであるか
> 　２．創造性の原則：
> 　　　自社の創造的技術、技能、アイデアが盛り込まれているか
> 　３．パフォーマンスバイコストの原則：
> 　　　コストパフォーマンスでどの企業の商品よりも優れているか
> 　４．調査徹底の原則：
> 　　　あらゆる局面での消費者テストで、そのスクリーニングに耐えたか
> 　５．流通適合化の原則：
> 　　　流通の場でその商品に関わる情報を消費者に伝達する能力があるか
> という５つから成っている。
>
> 　これら５つを守ることにより、単に売上げや利益を追求した商品、他社の単なる模倣、競争上優位にならない商品、消費者や生活者のニーズや価値観を無視した商品を開発・発売するのを避けることができる。
>
> 　花王では新商品を開発する際にこれら５原則に当てはまるかどうかを確認するだけでなく、発売後も、５原則から逸脱することがないようにその商品を改良することで「絶えざる革新」を重ねている。その意味で、これら５つは単なるチェック項目というよりも、花王が守るべき哲学であるともいえよう。
>
> 参考：佐川幸三郎（1992）『新しいマーケティングの実際』プレジデント社。

第13章

価格や味、量、チャネルの獲得といった一般的な競争機軸でこれらの競合企業と直接ぶつかっていたなら、花王の現在の成功は成し得なかったかもしれない。花王が単なるお茶としてではなく、それまでに存在していなかったダイエット系飲料という新たな市場を切り拓き、新たな競争機軸を打ち立てたからこそ、茶市場で現在の

❖ 第3部　競争・共生のデザイン

コラム13－2

「SWOT分析」

　本文中でも述べられているように、企業が戦略を打ち立てる際には、たとえそれが成長戦略だろうが競争戦略だろうが、自社そのものと自社を取り巻く環境の双方を考慮しておく必要がある。その際に最も多く用いられる分析枠組みの1つとしてSWOT分析がある。

　SWOTとはS（Strengths：強み）、W（Weaknesses：弱み）、O（Opportunities：機会）、T（Threats：脅威）の頭文字をとったものである。「強み」とは、自社が有する技術やブランド力、販売店との関係など、目標を達成するための助けとなる内部要因を意味している。一方「弱み」とは、それらの内部要因が目標を達成するための妨げとなっている場合を意味している。また、「機会」とは、市場や競争の変化など、目標を達成するための助けとなる外部要因を意味しており、「脅威」とは、その外部要因が目標達成の妨げであるものを意味している。

　もちろん、これら4つの要素は戦略の実行とともに変化していくものであり、絶対的なものではない。たとえばブランド力の低さが自社の弱みだと認識していても、愚直なマーケティング努力によってブランド力を高めて強みに変えることは可能である。その意味では、SWOT分析は動的なマーケティング活動に活かせる分析ではないという限界がある。

　また、SWOT分析は分析単位をどこに置くのかによって結果に違いが生じるという課題もある。たとえばヘルシア緑茶が高齢化による中高年の増加を機会ととらえるのに対し、若者向けビューティケア商品はそれを脅威ととらえるであろう。このように、ブランド単位で分析を行う場合と、全社単位で分析を行う場合とでは、分析結果に違いが生じてしまう。

　これらの限界や課題を念頭におきながらも、戦略を策定する前にこのSWOT分析を行っておくことにより、自社の弱みではなく強みを活かし、環境に対応した戦略を打ち立てることができるようになるだろう。

地位を確立できているのである。このことからも、成長戦略と競争戦略とは別個に考えるべきものではなく、相互に関連させながら考えるべきものであることが分かるだろう。

　もちろん、自社の成長と競争という2つの点で戦略を打ち立てるのは当然容易なことではない。しかも環境は変化し続ける。では、どうせ変化が起こるのだからと

第13章　マーケティングの戦略展開 ❖◆

いって戦略を曖昧なままにしたり、戦略そのものを立てなくても良いのかというと、当然そういうわけではない。何故なら企業の活動は一度きりのものではなく、継続的に行われるものだからである。戦略を立てることによって変化への対応力を高めることができるばかりか、たとえ当初想定していなかった変化が生じたとしても、戦略を十分に練っていれば、その変化がなぜ生じたのか、どのように対処すれば良いのかをより効率的・効果的に考えることができる。

3 マーケティングにおける戦略の進化

　本書第２章でマーケティングの基本概念である４Ｐ（製品政策、プロモーション政策、流通政策、価格政策）を知り、戦略という概念についても学んだ読者の皆さんであれば、これら４つの政策を戦略的に行うことの重要性が理解できているだろう。事実、20世紀初頭にアメリカでマーケティングが誕生したころ、この４Ｐを中心とした個々のマーケティング活動を効果的・効率的に行う「マーケティング機能要素戦略」が行われていた。マーケティング機能要素戦略がとられるようになってからは、４Ｐそれぞれが戦略的に行われることによって、より効果的・効率的なマーケティング活動が行われるようになった。

　しかし、マーケティング機能要素戦略においては、確かに４つの政策それぞれが戦略的であったといえるかもしれないが、４つの政策が個別に独立したかたちで、時にはそれぞれの担当者が相互に関わることさえなく自身の担当領域にのみ責任をもったかたちで政策を行い、全体としては何ら統一性をもたずに行われていた。

　ヘルシア緑茶の例を思い出して欲しい。高濃度茶カテキンを含有し、特定保健用食品（トクホ）として認められたこの商品は、開発段階においては魅力的な商品づくりに成功したといえる。しかし、もしもプロモーション政策において開発者の意図に反してヘルシア緑茶の効果・効能に全く触れないようなプロモーションを行ったり、コンビニエンスストア限定販売というブランド価値を守る政策をとらなかったり、売上げを伸ばすために大幅な値引きをして販売したりしたら、この商品が現在のような成功を収めていたと思えるだろうか。

　個別の政策を戦略的に行うだけでなく全体的に統一感をもってマーケティングを実行することの必要性は、1950年代後半から1960年代にかけて既に認識されていた。そこで生まれたのがマーケティング機能を統合管理するマーケティング・マ

第13章

175

❖ 第3部　競争・共生のデザイン

ネジメント戦略である。

❖ マーケティング・マネジメント戦略

　個々のマーケティング活動を個別に行うのではなく、対象商品あるいはブランド
ごとにターゲット顧客に対応したかたちで統一感をもってマーケティングを行おう
とする戦略のことを「マーケティング・マネジメント戦略」という。ここでいう統
一感とは、2つのことを意味する。それは第一に、4Pを構成する個々の政策が相
互に整合性を持っているということである。これを内的一貫性という。ヘルシア緑
茶が高濃度茶カテキンを含有するよう開発され、そのことで特定保健用食品（トク
ホ）として認められた時に、その効果・効能を積極的にプロモーションするという
ことや、高い効能を有するが故に過度の割引をせずに販売するといったように、4
Pが相互に整合性をもっていることを内的に一貫しているという。

　一方、その4Pの組み合わせが、その企業が直面しているマーケティング環境と
整合性がとれていることも必要である。これを外的一貫性という。成人男性の間で
健康志向やダイエット志向がもたれるようになった時に、それに対応した商品とし
てヘルシア緑茶を出すということや、コンビニエンスストアが広まっている時代に
値下げしない商品としてヘルシア緑茶を並べるといったように、マーケティングの
外的要因と4Pとが整合性をもっていることを外的に一貫しているという。

　マーケティング・マネジメント戦略においては、第2章のコラム2-2で紹介し
たSTPにもとづいて市場ターゲットを定め、そのターゲットに向けて4Pを内的・
外的に一貫性をもって展開していくことになる。

　では、どのようにして顧客対応に向けて4Pを統一的に展開するのかというと、
その方法の1つとしてプッシュ型のマーケティング・マネジメント戦略（プッシュ
戦略）とプル型のマーケティング・マネジメント戦略（プル戦略）が挙げられる。
ここで、メーカーから流通業者を経て消費者の手元に商品が届く流れの中で、メー
カーが高マージンで流通業者に商品を押し込み、さらに流通業者の推奨によって消
費者に商品を販売する取引の流れをプッシュ戦略、メーカーがマス広告などによっ
て直接消費者に働きかけ、その商品に対する指名買いを発生させる取引の流れをプ
ル戦略という。

　皆さんがコンビニエンスストアでペットボトルのお茶を買う場合を思い浮かべて
欲しい。皆さんは店員に薦められてそのお茶を買うだろうか。おそらく、そのよう

176

第13章　マーケティングの戦略展開 ❖

【図13-2】

プッシュ戦略

| 製造業者 | → | 流通業者 | → | 消費者 |

リベート供与、　　　　　　　　売り込み
販売協力など

プル戦略

| 製造業者 | ← | 流通業者 | ← | 消費者 |

広告・販促など

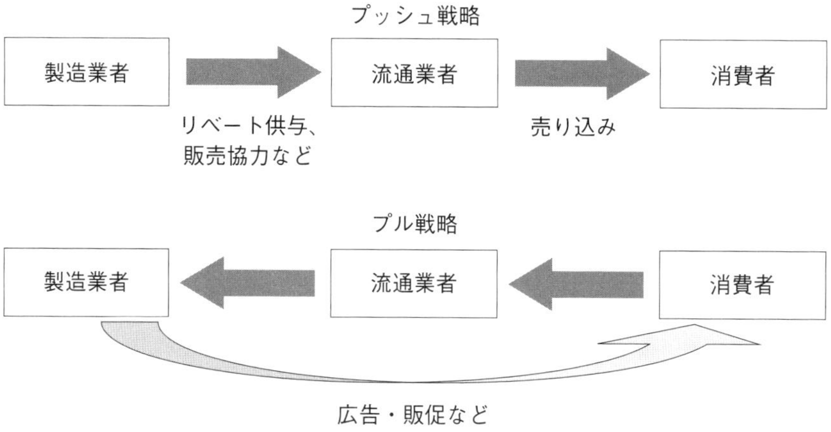

出所：筆者作成

な消費者はほとんどいないだろう。多くの消費者がテレビコマーシャルなどで目に
したことがあるお茶を棚から手に取り、購入しようとするだろう。これは、プル戦
略が行われていることを意味する。

　では、消費者が全ての商品を自身の判断のみで選択・購入するかというと、そう
いうわけではない。例えば高額なパソコンを購入する場合、パソコンにどういう機
能が備わっているのかを店員に聞き、店員の薦めに影響されながら購入する場合も
あるだろう。これは、メーカーの側から見れば、流通業者の協力を取り付け、流通
段階（すなわち、店頭）で消費者に自社商品を推奨してもらおうとしていることを
意味する。これがプッシュ戦略である。プッシュ戦略とプル戦略の特徴をまとめる
ならば、図表13-2のようになる。

❖ 戦略的マーケティング

第13章

　個々のマーケティング活動を効果的・効率的に行う「マーケティング機能要素戦
略」からマーケティング諸活動をターゲット顧客に対応したかたちで統一的に行う
「マーケティング・マネジメント戦略」へと進化することによって商品・ブランド
ごとのマーケティングが戦略的に行われるようになった。しかし、マーケティン
グ・マネジメント戦略をとることによってマーケティングにおける戦略的問題が全
て解決されたかというと、そういうわけではない。少なくとも、2つの課題が残さ

177

❖ 第3部 競争・共生のデザイン

れたままである。それは第一に、単体の商品・ブランドについて統一的にマーケ
ティング活動を行うことはできても、これら複数ブランドを統一的・戦略的に行う
視点に欠けているということである。

　例えば花王が扱っている商品はヘルシア緑茶だけではない。花王は自社が扱って
いる商品をビューティケア（ソフィーナやビオレ、アジエンス、8×4など）、
ヒューマンヘルスケア（ヘルシアやクリアクリーン、バブ、ロリエ、メリーズな
ど）、ファブリック＆ホームケア（アタックやハミング、バスマジックリン、リ
セッシュ、フレアフレグランスなど）という3つのカテゴリーに分け、多数のブラ
ンドを扱っている。マーケティング・マネジメント戦略では、例えばヘルシア緑茶
という1つのブランドにおいて戦略的にマーケティングを行うことができても、ヘ
ルシア緑茶の戦略と他のブランドにおける戦略との間に整合性がとれていない可能
性が残されたままである。

　第二に、マーケティング・マネジメント戦略は4Pをはじめとするマーケティン
グ諸活動に関わる戦略であり、財務や生産、人事、研究開発といった他の部署・部
門からは切り離された中で、あくまでマーケティング領域の中でのみ統一的かつ最
適に効率化をめざしたものだという問題もある。

　これら2つの課題を克服すべく、特に複数商品・ブランドを取り扱っている企業
において、単一のマーケティング・マネジメント戦略をとるのみならず、市場環境
に適応すべく全社的視点をもって戦略的方向づけと経営資源配分を試みる「戦略的
マーケティング」が行われるようになっていった。戦略的マーケティングにおいて
は、個々の商品やブランドを1つの事業単位とみなし（これを戦略的事業単位：
strategic business unit（SBU）という）、それら全体の最適化を目指すことに
なる。では、SBUがどのように決まるのかというと、「誰に（顧客）」、「何を（機
能）」、「どのように（技術）」提供するのかという3つの軸で決められる場合や、
「市場あるいは顧客」と「技術や製品」という2つの軸で決められる場合がある。

　ヘルシア緑茶は同じ花王の商品でもシャンプーのアジエンスや洗剤のアタックと
は異なる単位として戦略を立てる必要がある。それは、事前に立てられる目標や有
する資源、あるいは適合すべき環境が異なるからである。戦略的マーケティングに
おいては、例えば、ヘルシア緑茶に対しては利益を挙げるために投資を極力抑え、
そこで得られた利益を他のブランドにおける広告費をはじめとした投資にまわすと
いったように、複数の事業単位間での調整を図ることが求められる。この戦略的
マーケティングにおいても、マーケティング・マネジメント戦略の時と同じように、

ターゲット顧客に対応したかたちで複数のSBU間で互いに整合性をとるように内的に一貫性があることと、それらが適応すべき市場環境に対して外的に一貫性があることが求められるのはいうまでもない。

4 おわりに

　企業がマーケティング活動を戦略的に行おうとした場合、明確な目標を打ち立てたとしても売上げが思ったより伸びないということが頻繁に起こる。また、自社が有する資源が顧客にとってどのような魅力をもっているのかが明らかでない場合も多いし、競争環境が突然変化することもある。何よりも、競争相手の行動を事前に完全に予測することなど不可能に近い。では、戦略的に計画を練ることが無意味なのかというと、当然そういうわけではない。

　不確実性の高い状況に対処するために戦略的に計画を立てることにより、その企業で働く多くの人たちの行動が統一的に1つの方向に向かう。そして、環境変化に柔軟に対応するための準備を怠らぬよう、事前に多様な可能性を想定することにこそ、戦略の戦略たる所以がある。

　マーケティング発想の戦略とは、目標、資源、環境などを見据えながらマーケティング個別要素を内的・外的に一貫性をもたせると同時に、複数のSBU間でも整合性がとれているように統一感をもたせることが重要である。その際、プッシュ戦略やプル戦略に代表されるような定石を踏むことがマーケティング発想の戦略の第一歩となるであろう。

考えてみよう　参考文献　次に読んで欲しい本　はこちら☞
(http://www.sekigakusha.com/md/md13.html)

第 **14** 章

社会共生
―トヨタ　プリウス

1　はじめに
2　新しい常識を創り出すプリウス
3　社会共生のマーケティング
4　おわりに

❖ 第3部　競争・共生のデザイン

1　はじめに

「社会共生」と聞いて、それはビジネスの話なのか、社会貢献のことなのか、ピンとこないかもしれない。1つ例を挙げよう。

サッカーJリーグのチームは企業・団体からの出資金で運営されているが、アビスパ福岡はある時、資金不足で経営危機に直面していた。その時、地元企業の株式会社ふくやは「福岡の街の灯を消してはいけない」と言って、辛子明太子のギフトセットの売上金を全額寄付するというアビスパ福岡応援キャンペーンを行い、その危機を救った。驚いたことに、明太子を購入したのは地元の人々だけでなく、全国各地のJリーグファンだったそうだ。

この時のJリーグファンは、明太子がほしいから明太子を購入したのではない。アビスパを支援しようとするふくやに共感し、ふくやと一緒にアビスパやJリーグを盛り上げようと思って、その手段として明太子を購入したのだ。ここに見られる、ふくやとJリーグファンの関係は、もはや企業が顧客に商品を売るという「売り手と買い手」の関係ではない。企業と顧客が一緒になって何かを実現しようとする関係である。

このように、企業と顧客が売り手と買い手の関係を超えて、共によりよく生きようとすることを、社会共生の関係と呼びたい。このような関係は、企業が社会の中に生きる一員として社会の課題に取り組もうとするときに欠かせない。そして、マーケティングはこの関係づくりの役割を担う。では、この関係づくりはどのようにして可能なのか。ここでは、トヨタ自動車株式会社（以下、トヨタ）のプリウスの事例から学んで理解を深めたい。

2　新しい常識を創り出すプリウス

❖ 21世紀の社会の車を考える

自動車の歴史を振り返ると、1886年にドイツのカール・ベンツがガソリン車を

発明し、1907年に米国のフォード社が自動車の大量生産体制を確立して以降、広く社会に普及してきた。そして、誕生から約100年後の1997年、日本のトヨタはガソリン車でない車、ガソリンエンジンにモーターを組み合わせるハイブリッド車「プリウス」を世界で初めて発売した。

　プリウスの発売は、ガソリン車100年の歴史を大きく転換させて、ハイブリッド車の時代を切り開くかもしれないという意味で、世界に衝撃を与えた。競合メーカーの技術者たちは「本当だろうか」と半信半疑だったと言うから、自動車業界の常識からは考えられない、常識破りの大胆な挑戦だったようだ。プリウス誕生から約20年が過ぎた今日では、特別珍しいものではなくなっている。プリウスはどのようにして誕生し、社会に普及してきたのだろうか（表14-1参照）。

　プリウスを生み出したのは、日本で初めて車づくりを目指した企業、トヨタである。トヨタは1993年秋に「21世紀の車を考える」プロジェクトを立ち上げ、翌年、開発責任者の内山田竹志チーフエンジニア（現・代表取締役会長）率いるチームが具体的に検討し始めた（写真14-1、コラム14-1参照）。

　チームは漠然としたテーマのもと、どのような部品や技術を採用するかなどから話し合ったが、議論は難航した。その時、内山田氏は「技術などのハード面の話はやめよう。社会のソフト面から考えよう」と発想の転換を促した。各メンバーは、

【表14-1　ハイブリッド車の歩みの概略】

年	月	主な出来事
1997	3	ハイブリッドシステム「THS」を発表
	10	プリウスを発表（12月発売）
2002	8	プリウス世界累計販売10万台突破
2003	4	ハイブリッドシステム「THSⅡ」を発表
	9	プリウスをフルモデルチェンジ（2代目）
2007	5	ハイブリッド車の世界累計販売100万台突破
2008	4	プリウス世界累計販売100万台突破
2009	5	プリウスをフルモデルチェンジ（3代目）
2013	6	プリウスの世界累計販売300万台突破
2015	8	ハイブリッド車の世界累計販売800万台突破
	12	プリウスをフルモデルチェンジ（4代目）

出所：トヨタウェブサイトのニュースリリース
（http://newsroom.toyota.co.jp/en/detail/9152370）より筆者作成。

❖ 第3部　競争・共生のデザイン

【写真14 - 1】　初代「プリウス」と内山田竹志氏

写真提供：共同通信社

　世の中にある21世紀の社会についてのあらゆるレポートを調べ、キーワードを探った。少子高齢化、女性の社会進出など様々な社会の課題が挙げられ、中でも環境と地球資源の問題に関心を寄せた。

　地球資源はいつかなくなるという予測があるが、あとどのくらいでなくなるか、未来がどうなるかは、実際のところ誰にも分からないので想像しにくい。現に、まだ先の話だろうという予測が当時の自動車業界の常識だった。だが、チームは環境と地球資源の問題について深く入り込んで議論した。内山田氏は「21世紀中に石油資源が枯渇するかもしれない。石油があと、どれくらいでなくなると判明した時、世の中は、いかにして石油を使わないかという方向に進む。その時に対応できない企業は生き残れない」という危機感を強く持った。

　より詳しい調査と議論を重ね、次第にコンセプトが固まった。それは「現在の車が持つ利便性・快適性を維持あるいは向上」した上で、「21世紀の車社会が抱える課題への回答を提案できる車を開発しよう」、「その課題として、エネルギー・環境を取り上げよう」というものであった。

　エネルギー・環境の課題に対応した車を開発するために、まず具体的に部品やシステムを全て見直して燃費向上を検討し、総合して燃費を1.5倍にする見通しが立った。ところが、社内で進捗報告をすると「石油枯渇の切り札として燃費1.5倍の向上では低い。2倍でないと画期的な提案をしたことにならない」という意見が出された。チームは「燃費2倍を目標にするなら、今ある技術の延長線上では無理

第14章　社会共生

コラム14-1

内山田竹志氏から社会共生の視点を学ぶ

　内山田竹志氏（現・トヨタ代表取締役会長）は、21世紀のクルマをつくるプロジェクトの開発責任者を務めた方だ。だが、内山田氏はそれまで車の企画・開発に関わった経験がなかったそうだ。「なぜ自分なのか」と上司に尋ねたところ、「従来のやり方を知らないから君が適任」と言われたそうだ。

　内山田氏は、常識にとらわれないで新しい車を考えることを期待され、その期待に応えた。内山田氏の広い視点は、「車開発」だけを考えるに留まらず、車開発の向こうにある、車を通して実現されるであろう「21世紀の社会」にまで届いている。そして、「21世紀の社会はどんな社会か」、「どのような車なら社会に役に立つか」、逆に「どのような車でなければ存在し続けられないか」にまで思いを巡らせ、そうした内容を議論するよう導いた。

　この出発点は、開発段階の様々な判断に影響していったようだ。開発を進める各段階で、我々は21世紀の社会の車をつくるのであって、既存の車種に当てはめたり従来の常識の延長線上で考えたりして実現できるものではないと強く意識して主張する場面がいくつもあったことが『ザ・トヨタウェイ（上）』や『革新トヨタ自動車』に描かれている。

　また、内山田氏の視点は長期を見据えている。会長対談の中で、次のように語っている。「自動車メーカーは資源や環境、21世紀の問題に答える責任がある、そこが出発点でした。その時は燃費追求でしたが、さらに人口問題や新興国の発展があり、社会としてエネルギーをどう使っていくか、クルマはシステムとして全体の中にどのように組み込まれるべきかが、現在、新たな課題となっています。」（『トヨタ環境社会報告書2013』5頁）。

　自動車の歴史は100年を超え、自動車とは何かが確立されたように思ってしまう。だが、広く社会に目を向けつつ、次の100年を見据えて取り組む中で、目の前にある課題とは異なる課題や飛躍的なテーマが見えてくることを教えられる。内山田氏から学んで、社会共生を実現する視点を身につけたい。

第14章

だ。新技術に挑戦しなければならない。ハイブリッドシステムならどうか」と考え、ハイブリッドシステムの開発に挑戦することにした。内山田氏の言葉を借りれば、その時から「とてつもなく大きな開発テーマが加わった」のだった。

　とてつもない開発努力の末、チームはオリジナルのハイブリッドシステムを作り

❖ 第3部　競争・共生のデザイン

上げた。そして、ハイブリッド車を「〜に先立って」という意味のラテン語にちなんで「プリウス」と名付け、21世紀に先立ち世に送る思いを込めた。

❖ プリウスの市場導入

　トヨタには、もう1つのとてつもなく大きなテーマがあった。プリウスを市場に導入することだ。1990年代までは車といえばガソリン車で、ハイブリッド車は知られておらず、優れた新技術・性能であっても何もせずに自然に理解されていく訳ではないからだ。

　それだけではない。そもそも当時、社会の環境問題への関心は今ほど高くなかった。国や行政が主導して環境法の制定に取り組みつつあり、環境対応の必要性が話題にはなっていたが、具体的な取り組みは今ほど多くなく、人々の身近な出来事や関心事につながっていなかった。競合メーカーもエコカーはビジネスにならないと考えていたような状況だ。そういう状況の中でエコカーを市場に導入しようとするのだから、まず人々に環境問題に関心を寄せてもらうことから始める必要があった。

　トヨタは思い切った広告キャンペーン「トヨタエコプロジェクト」を展開し、まずはトヨタの環境への取り組み姿勢を伝えた。「あしたのために、いまやろう。」のもと、CO2削減やリサイクル問題などの環境テーマを提示しながら、トヨタが明日のためにどのような環境への取り組みを行っているかを紹介していった。

　この広告キャンペーンは1997年1月から年間を通じて行われ、その中でハイブリッドカーも紹介した。「電気とガソリンを自動的に切り替えて走るハイブリッドカー。いよいよ地球へ」「ガソリン消費量1/2」というメッセージを通じて、ハイブリッド車の仕組みと、その燃費が従来車の2倍であること、21世紀社会に向けた車であることが伝えられた。同年12月のプリウス発売時期にプリウスを紹介し、「21世紀に間に合いました」というメッセージを通して、21世紀社会の課題に対する1つの答えであることを強調した。

　また、社会との対話を目的として、「トヨタ環境フォーラム」を開催し、環境保全と経済成長の両立について議論したり、トヨタの環境技術を幅広く公開したりするなどした。これをプリウス発売以降、ほぼ毎年継続している。

　この一連の広告やフォーラムなどのコミュニケーション活動を通して、社会の環境問題への関心は高められていった。そして、プリウスは発表前から注目を集め、予想以上の反響を得て販売開始から1か月で月間販売台数目標の3倍を超える

第14章　社会共生

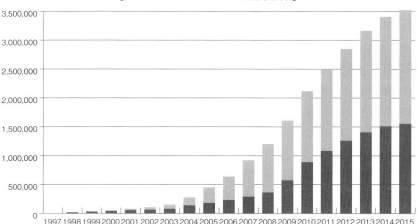

【図14-1　プリウスの販売台数】

出所：トヨタウェブサイトをもとに筆者作成

3,500台を受注した。さらに、発売から6年で累計販売台数は12万台を超えた（図14-1参照）。

❖ ハイブリッドカー普及の実現

プリウスの市場導入を通して、社会の環境問題への関心も高まり、ハイブリッド車も広く社会に知られるようになった。インターネット上にプリウスファンのサイトが立ち上がり、プリウスユーザー同士で低燃費を競い合う「エコラン」をする人も出てきた。1給油で1,000km走行を達成したことなどが情報交換され、プリウスならではの走りが楽しまれるようになった。

しかしその一方で、プリウスは多くの顧客に選ばれたとは言えず、販売台数を伸ばすことはさらなる課題であった。環境問題やエコカーへの関心の高まりと共に「環境問題に配慮したいが、従来のクルマが持っていた走りなどの魅力を犠牲にしたくない」という要望があることも見えてきた。

「いくら環境にいいクルマだと言っても、市場で広く普及しなければその効果が社会的に現れない。環境に優しいクルマを普及させることが真の環境対応につながる」という考えに立つトヨタは、環境対応を進化させた。まず、ハイブリッドシス

❖ 第3部　競争・共生のデザイン

テムをプリウスだけでなく、既存の様々な車種に展開していくことにした。また、プリウスのフルモデルチェンジにも踏み切った。

　プリウスのモデルチェンジの際には、初代プリウスのユーザーの声を参考にした。具体的には「実用燃費の向上と気持ちよく走りたい」という声に応えて走行性能を向上させ、当時の世界最高レベルの燃費35.5km/Lなどを実現した。さらに、「より未来感がほしい」という声に応えて、スイッチを押すことでモーターのみの走行を選択できるEVドライブモード、駐車を補助するインテリジェントパーキングアシスト、ボタン1つでエンジン始動できるプッシュボタンスタートなどの先進的な機能を盛り込んだ。

　2代目プリウスは、初代で実現した燃費性能と環境価値を高めた上に「走る楽しさ」や「未来感」など車本来の魅力を実現した車として、2003年に発売された。「ついに未来が動きだす」というキャッチフレーズの広告を通じて、走る楽しさや未来感などに重点を置いて価値を伝えた（表14-2参照）。

　2代目プリウスは多くの顧客に選ばれ、販売台数は大幅に増加していった。また、プリウス以外の車種に展開されたハイブリッド車も多くの顧客に選ばれ、2007年にはハイブリッド車の累計世界販売100万台を超えるにいたった。

　その後、ハイブリッド車のさらなる普及を目指して、3代目、4代目のプリウスも発売されてきた。3代目では、従来のガソリン車にはない、低燃費車・ハイブリッド車ならではの爽快な走り、未来感、ワクワク感をより高いレベルで実現した。プリウスは単なるエコカーというよりは、クルマ好きの顧客も視野に入れた新世代のクルマとして普及し始めた。ハイブリッド車の販売台数は徐々に伸び、2015年8月にはグローバル販売台数が800万台を超えた（図14-2参照）。

　プリウスは、最初は特殊な環境技術の車だったが、フルモデルチェンジを繰り返す中で社会と共生するかたちが探られ、今日では広く社会に普及してきた（写真

【表14-2　プリウスの広告・宣伝】

1997.01	「TOYOTA ECO-PROJECT」広告展開開始
1997.10	「プリウス」新発売「21世紀に間に合いました。」
2003.08	ハイブリッド・シナジー・ドライブ広告開始
2003.09	「プリウス」モデルチェンジ「ついに未来が動き出す。」
2009.05	「プリウス」モデルチェンジ「スーパー・ハイブリッドカー誕生」
2011.03	「プリウスα」新発売「考えるのが先か。感じるのが先か。」

出所：『トヨタ自動車75年史』―「広告・宣伝の変遷」より筆者作成

第14章　社会共生

【図14-2　ハイブリッド車の販売台数】

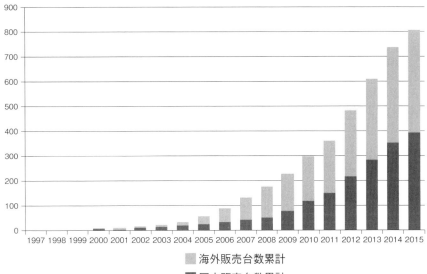

※　プラグインハイブリッド車を含む。＊2015年のみ1-7月のデータ。
出所：トヨタウェブサイトのニュースリリース
（http://newsroom.toyota.co.jp/en/detail/9152370）より筆者作成。

【写真14-2　2015年東京モーターショーで紹介された新型の「プリウス」】

写真提供：共同通信社

189

❖ 第3部　競争・共生のデザイン

14-2参照）。また、競合メーカー各社は次なる成長が見込まれる市場として代替エネルギー車市場に注目し、ハイブリッドカー以外にもプラグインハイブリッドカー（PHV）、電気自動車（EV）などの開発に取り組んでいる。プリウスは次世代のクルマ市場を創り出し、社会にも自動車業界にも新しい流れを創り出したと言える。

3 社会共生のマーケティング

❖ 企業の公共性

　トヨタは、21世紀の社会の課題に対する1つの答えとしてプリウスを生み出した。そして、プリウスは社会に受け入れられ、普及しつつある。しかし本来、一企業が本業の中で社会の課題に取り組むのは難しい。この点について、企業の公共性を理解しながら考えていこう（石井淳蔵「企業メセナの新しい視点」『マーケティング・ジャーナル』No.43、1991年）。

　企業が社会的課題に取り組むことは、最近では当然すべきことだと考えられている。その理由は、企業の公共性にある。企業は社会に生きる一市民であるから、社会的課題に取り組むことは重要であるばかりでなく、当然の義務である。そして、社会的課題に取り組むことは社会的責任を果たすことにつながる。こういう考え方だ。

　だが、これには問題が2つある。第1の問題は、このような考え方が最近のもので、伝統的な考え方とは異なる点である。伝統的な考え方では、企業の社会的責任とは「利益を追求すること」である。具体的には、企業は、①企業の出資者である株主への利益を還元する責任がある。そして、②顧客に満足を与える商品を提供する責任がある。

　この伝統的な考え方に従うと、本業以外の無駄な活動は一切してはいけないことになる。ボランティア活動や寄付を行う余裕があるなら、出資者である株主に利益を還元するか、より顧客に満足を与える商品を提供するべきだという考え方だ。

　第2の問題は、社会的課題への取り組みに関する意思決定を、私人である企業がひとりで行ってよいのかという問題である。企業はどのような内容を取り組むべき

第14章　社会共生 ❖

課題とするのか、それにどの程度投資すべきか等を決めなければならない。その際に、企業外の利害関係のある団体や個人の同意を得ることなしに、社会的課題への取り組みに関わる意思決定を行えるのかという問題である。

　このように、企業が社会的課題に取り組むことは以上の問題をはらんでおり、慎重にならなければならない。

❖ 社会的課題に取り組む意義

　しかし、それにもかかわらず、多くの企業が社会的課題に取り組んでいる。なぜ、何のために取り組むのだろうか。ここでは、社会的課題に取り組む意義について、実際に行われている活動を3タイプに分類しながら考えていこう（石井淳蔵「企業メセナの新しい視点」『マーケティング・ジャーナル』No.43、1991年）。

　第1のタイプは、企業として取り組むべきだという自己満足型の考えで行われる活動である。これは考え方としては尊いが、取り組んでいれば何でも良いという訳ではないという批判を受けるかもしれない。第2のタイプは、企業宣伝や企業のイメージ向上のために行うマーケティング志向型である。これはより企業活動に直接的な関連があるが、宣伝効果やイメージ向上がなくなった場合に取りやめられる可能性がある。

　これら2つのタイプの場合、社会的課題の取り組みは長期的な活動にはなりそうにない。というのは、本業に関係のない自己満足型の活動は企業の公共性に反するし、本業に関係のあるマーケティング志向型の活動であっても、社会的課題の取り組みに関わる意思決定を一企業が単独で行うと活動の公共性は保つことができないという矛盾があるからだ。こうした問題をクリアすることが期待されるのは第3のタイプである。

　第3のタイプは、「ベンチャー型」である。これは、企業が社会的課題への取り組みを先駆的な事業と理解し、その事業から得られる経験を企業内にフィードバックする効果を考えるタイプである。

　トヨタのプリウスはこのベンチャー型の取り組みに分類されるだろう。21世紀の社会的課題について調べる中で、社会的課題が自社の死活問題に繋がることに気づき、車が社会と共生するために、社会的課題に対する1つの答えを出す事業に取り組んだ。それがハイブリッド車を実現した。もし従来の常識に捉われていたら、ガソリン車の改良のみを追い続け、ハイブリッド車や次世代のクルマは生み出さな

❖ 第3部　競争・共生のデザイン

かったかもしれないし、いつか石油が枯渇した時代に車は社会から姿を消すかもしれない。

「ベンチャー型」の活動は、社会的課題に取り組む中で、社会的課題と自社課題のつながりに気づき、それを本業へとフィードバックする効果に注目する。マーケティングの使命を顧客満足と理解すると「顧客に満足してもらうために、○○を改良しよう」というこれまでの企業常識の延長線上で考えることに留まりやすい。だが、社会的課題と自社の課題のつながりに注目するなら、それが出発点となって「顧客と共に社会の新しい常識や未来の価値を創り出していこう」とする可能性に開かれる。それはマーケティングの使命を顧客創造と理解する道である。

このように、社会的課題に取り組む意義は、これまで気づかなかった社会的課題と自社の課題のつながりを認識することであり、その認識を企業内にフィードバックして実践することにある（コラム14-2参照）。

❖ 社会共生の実現

このように、社会的課題に取り組む意義は、企業が社会の中の一市民としての常識を回復し、社会の中で共によりよく生きるための事業を展開することにある。では、そのような事業を実現するには、どのような条件が必要だろうか。要点として次の3つを挙げておこう。①本業とは異質のメンバーの加入、②異質の社会的関係、③異質の意思決定ルール、である（石井淳蔵「企業メセナの新しい視点」『マーケティング・ジャーナル』No.43、1991年）。

第1の本業とは異質のメンバーに加入してもらうこととは、公共性を反映できる多様なメンバーの参画である。企業が一市民としての常識を回復し、社会共生を実現していくためには、社会的課題と自社の課題のつながりを認識することが不可欠である。しかし、一企業の活動ではその企業の常識の範囲で考えられた活動になり、活動自体の公共性が保たれず、社会的課題を認識するのは困難だ。そのため、異質のメンバーに加入してもらう必要がある。自社事業と関連のあるNPO・NGO団体のメンバーに加入してもらうことは1つの工夫の仕方だ。

トヨタのプリウスの場合、これまで製品開発に関わってこなかった内山田竹志氏がチーフエンジニアとなり、これまでとは異なる視点、社会の視点から車開発に取り組み、21世紀の社会的課題に入り込んで検討したことは、従来の常識を見直すきっかけとなった（前掲コラム14-1参照）。

第14章 社会共生

コラム14-2

CSR（企業の社会的責任）からCSV（共通価値の創造）へ

　企業は、経済的価値と社会的価値の両方を同時に実現することはできるのだろうか。これまでの社会では、両者はトレード・オフの関係にあり、どちらかを実現するとどちらかが犠牲になると考えられてきた。

　そう言われるとそうかもしれない。多くの企業が「企業の社会的責任（CSR：Corporate Social Responsibility）」を果たすために、これまで様々な公共的な課題に取り組んできたが、その多くは本業の仕事外の「その他の活動」としてのものである。オリンピックを目指す選手を支援したり、慈善団体に寄付を行ったりと内容は様々だが、それらの多くはどちらかと言えば本業の中心課題ではない。

　こうした状況を見て、米国・ハーバード大学のマイケル E. ポーター教授は、これまでの企業の社会的責任は「社会的便益を提供するためには、企業は経済的な成功をある程度あきらめなければならない」という考え方に影響されていると指摘する。しかし、そうではなく、経済的価値と社会的価値は同時に実現できると強く主張する。そして、経済的価値を創造しながら、社会的ニーズに対応することで社会的価値も同時に創造するアプローチのことを「共通価値の創造（CSV：Creating Shared Value）」と呼んで、それが成長の次なる推進力であると強調する。

　確かに、社会的課題を社会的ニーズと見ると、健康、住宅整備、栄養改善、高齢化対策、金融の安定化、環境負荷の低減など、そのテーマは多岐にわたり、ニーズの規模も計り知れない。それらの実現に本業の中で取り組むことは、新しいニーズや新市場の創造に挑戦することである。

　では、どのようにして経済的価値と社会的価値を同時に実現できるのだろうか。本文で述べるように、企業と社会の対話の中で共生の関係を築くことが重要である。マーケティングはその役割を担うことができるだろう。

　第2の異質の社会的関係を編成することとは、メンバー間の関係で、相互理解が必要となる形に編成されることである。企業の内部では、メンバー同士が一緒に仕事をすればするほど、お互いにあえて確認しないでも分かり合える常識ができてくる。一方で、外部団体との共同関係を編成すると、まったく異なる常識を持ったメンバー間で活動することになる。これまでは内部だけの調整で済ませていた内容も、確認して相互に理解していく必要がある。そのプロセスで、活動内容が十分に検討

❖ 第3部　競争・共生のデザイン

されるのである。

　トヨタのプリウスの場合、環境対応はトヨタだけではできないという考えに立ち、社会全体で環境問題に関心を持って対応する方向性を探った。そのために、思い切った広告キャンペーンや環境フォーラムなどのコミュニケーション活動を行い、社会の環境問題への関心を高めつつ、環境対応の取り組みを促した。これによってトヨタは様々な反響を得たが、その反響を活かしてプリウスのモデルチェンジやハイブリッド車の普及促進を図った。

　第3の異質の意思決定ルールとは、意思決定ルールも公共性を反映できるように民主的な形をとることである。企業が公共的な取り組みだと考えても、その取り組みについての意思決定を企業が単独で行えば公共性を保つことはできない。したがって、公共的な取り組みの意思決定プロセスには、公共の意見を取り込む工夫が必要である。

　トヨタのプリウスの場合、トヨタは、プリウスの普及こそ社会貢献と考えた。顧客がどう満足するかのみに関心を寄せたのではなく、ハイブリッドカーは普及して初めて社会的課題の解決になるという考えを伝え、意思決定に公共の意見を取り込む工夫をした。

　このように、企業が社会の中の一市民としての常識を回復するためには、企業組織が外に対して開かれた存在となっているかどうかが重要となってくる。

4 おわりに

　企業と顧客が「売り手と買い手の関係」にあるというのは、当たり前のことのようだ。しかし、企業の実践を見てみると、そのような関係を超えて、企業と顧客が一緒になって何かを実現しようとする、社会の中で共によりよく生きようとする関係が築かれている例も見られる。トヨタのプリウスがそうだ。

　企業が社会的課題の解決に取り組む時に難しさがあることは本章の中で確認した通りだ。しかし、そうした難しさを超えて、企業が社会共生の関係づくりをしていくことができる。社会的課題に取り組んだり、社会的課題に入り込んで考えたりする中で、自社の課題とのつながりへの気づきに注目し、それを出発点とする。そして、顧客と共に社会の新しい常識や未来の価値を創り出すことが、マーケティングに期待される役割の1つである。

第14章 社会共生

  次に読んで欲しい本 はこちら☞
(http://www.sekigakusha.com/md/md14.html)

第15章

マーケティング3.0
―P&G

第1章
第2章
第3章
第4章
第5章
第6章
第7章
第8章
第9章
第10章
第11章
第12章
第13章
第14章
第15章

1　はじめに
2　P&Gのマーケティングの歩み
3　マーケティングの構図
4　マーケティングの発展
5　おわりに

❖ 第3部　競争・共生のデザイン

1　はじめに

　皆さんは、スマートフォンやゲームを買う時、もしそのバージョンを示す数字が大きいものと小さいものの両方があった場合、どちらを選ぶだろうか？　たいていの場合は、大きいほうだろう。なぜなら、数字が大きくなればなるほど、製品が改良されたり新しいことができるようになったりと、その最新版を示しているからである。

　本章のタイトルであるマーケティング3.0という聞きなれない言葉は、実はマーケティングのバージョンを表している。1.0から2.0そして3.0へと、マーケティングの内容もそれらの製品と同じように、バージョンアップしてきたのである。しかし、マーケティングには大きく進化した部分もある一方で、時代にかかわらず共通項とでもいうべき変わらぬ基本的な面も持ち合わせている。この両方を知っておくことは、皆さんがこれからマーケティングをデザインする立場になった時、大いに役立つにちがいない。

　本章では、世界で最も古くからマーケティングを確立してきた企業の１つであるザ・プロクター・アンド・ギャンブル・カンパニー（以下、P&G）の歴史を振り返りながら、その変わらぬものと、変わってきたものを説明しよう。

2　P&Gのマーケティングの歩み

❖ マーケティングの登場

　一般にマーケティングは、19世紀後半から20世紀はじめにかけてアメリカで生まれたといわれている。そのあたりの事情を、当時のP&Gの主要製品であった石鹸市場で確認してみたい。

　南北戦争が終了した19世紀中ごろから、アメリカでは都市的生活様式による衛生観念の高まりによって、石鹸を使う生活習慣が定着してきた。P&Gは、この石鹸を必要とする人達の増加に対応しようと、技術革新によって生産能力を増強して

第15章 マーケティング3.0

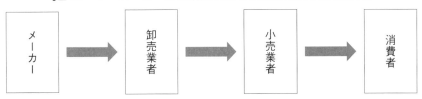

【図15-1 メーカーから消費者までの製品の基本的な流れ】

出所：筆者作成

いった。1880年代にはこれまでの2倍の量、1日に40万個の石鹸を生産できる工場も稼働させていたそうだ。しかし、大量に作った製品を売ることに関して、それまでの方法と同じように卸売業者に頼るだけでは無理があった。しかも、この市場には300社近くもの石鹸メーカーがしのぎを削っており、中には偽物や粗悪品も多く売られていた。こうした状況の下で、P&Gはまず質のよい石鹸作りを目指した。また、石鹸が簡単に真ん中から割れるように切込みを入れた。当時の人々は、1つの石鹸を身体用と洗濯用とに自ら切り分けて使っていたからである。さらに石鹸は水に沈むものだったのを、浮かぶようにも改良した。濁った川の水を用いていたこの時代の入浴では、石鹸をバスタブに落とすと見つけるのが大変だという消費者の声を反映させたのだ。

そして、そうした他社とは異なる特徴をよりはっきり示すために、1つひとつの石鹸に独自のマークを刻印し、それを丁寧に包装して売り出した。1879年に開発したより純度の高い性能が優れた石鹸には、白くて固くて豪華で長持ちといったことがイメージされるように、旧約聖書に出てくる"象牙"を意味する「アイボリー」という言葉を名前にした。それを「純度99.44％」といううたい文句や他社に先駆けて芸術的な要素を取り入れたりして、新聞やラジオで広告していった。アイボリーというブランドのイメージを、消費者の心に刻印しようとしたのである。販売ルートについても、通常の流通の方法とは異なり（図15-1を参照）、卸売業者を用いず自ら小売業者との直接取引を試み、巡回セールスパーソンを多く雇って直販体制も築いていった。

❖ マーケティングの進化

このようにP&Gは、早くから消費者がどのような製品を求め、実際にそれをどのように使用しているのかという消費者の動向やニーズに注目する、いわば消費者

❖ 第3部 競争・共生のデザイン

と向き合う先進的な企業だった。他にも1924年には市場調査部を設置し、データによって消費者のニーズをつかみ、それを製品作りに活かし始めた。また、石鹸以外にも日用品や食品へと同社の製品が広がるにつれて、それぞれの製品を製造から販売まで統合的に管理していくブランド・マネージャー制も1931年に導入している。

こうした先駆的な売るための仕組みづくりの積み重ねを経て、例えば第1章で述べられている洗剤タイドの「コールドウォーター・チャレンジ」キャンペーンを用いたマーケティングも生まれたのである。あるいは、もともとわが国ではなじみのなかった衣用消臭スプレーという製品「ファブリーズ」を定着させ、さらに匂い（臭い）という点でつながっている芳香剤市場で、他社製品との違いを鮮明にして花開かせた次のようなマーケティングもまたしかりである。

部屋の臭いの原因は、部屋にある衣料、カーテン、カーペット、ソファといった布に付着した汗や食事、ペットの臭いなどである。だから、布用消臭スプレーのファブリーズは、部屋の消臭にも効果が発揮できるのだと、広告を中心に、別の香りで部屋の臭いを打ち消すのが当たり前と思っていた消費者に対して、新たな理解を促していった事例である。

P&Gのマーケティングが目指していることの1つは、単にモノを作って売るというよりも、消費者すら気づいていない価値を創造し、いかにそれを理解してもらうか、というところである。その価値を新しく創造するという点では、2000年代に「コネクト・アンド・デベロップメント（つながる＋開発する）」という仕組みも生み出した。これは、技術や製造に限らず、製品のアイディア、市場調査やマーケティング手法、ビジネスモデル、トレードマークまでありとあらゆる面で、個人から大企業、時には競合他社をも含め、企業の外部とP&Gが連携によって、共に価値作りに臨むというものである。文字を印刷したポテトチップスなど、現実にそこから革新的な製品が生み出されている。

200

第15章　マーケティング3.0

3 マーケティングの基本的構図

❖ マーケティングの必要性

　ところで、P&Gはなぜ100年もの昔からマーケティングを展開させてきたのだろうか。それはある意味、時代の要請だったのかもしれない。19世紀後半のアメリカは、人口増加や鉄道・通信網の拡大によって、それまでの限られた範囲の地域市場から全国規模の市場が形成されていった時代である。P&Gのような消費財メーカーは、その巨大化する市場を当て込んで、産業革命の技術革新に基づく大規模な設備を導入し生産能力を向上させた。しかし、大量生産によって製品の価格は安くすることが可能となったが、メーカー同士の激しい競争もあり、単純に安いからだけで売れるほど甘くはなかった。

　また、図15-1で示したように、通常メーカーはその製品を直接消費者に売るのではなく、卸売業者や小売業者を通して売るのが普通だ。しかもそれら流通業者は、特定のメーカー品だけを扱うのではなく、他のメーカーのものも扱っている。自社の製品を優先的に販売してくれる保証はどこにもない。

　こうした事情の一方でメーカーは、工場建設や機械設備の導入、さらには従業員を大量に雇うために膨大な資金を投入しており、それをできるだけ早く回収する必要が生じていた。製品が多く作れるようになったのは一見喜ばしいことではあるが、それに見合うだけの顧客を獲得しなければならないという重大な「売るという問題」も抱え込むようになったのだ。

　この問題を解決するためには、従来からの販売や営業、広告をより積極的にするだけでは対処し切れず、もっと売るということに関わるより総合的な活動が模索されるようになった。その結果、P&Gのような一部の先進的な企業に「マーケティング」という新しい考え方が誕生したのである。

❖ マーケティングの基本的構図

　「売るという問題」にどのように取り組むかは、当然それぞれの時代背景やその

❖ 第3部　競争・共生のデザイン

【図15-2　マーケティングの基本的構図】

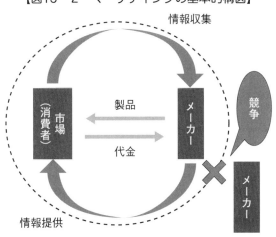

出所：フィリップ・コトラー他（2008）、p.13を一部修正

企業が置かれている立場によって異なっている。それは皆さんが本書の各章で触れてきたとおりだ。しかし、「マーケティングをデザインする＝顧客を創造する」ときに考えるべき枠組みは、時代や環境に関わらずそう大きくは変わっていない。それをここではマーケティングの基本的構図と呼ぼう。

　図15-2を見てほしい。マーケティングの目標は、図の中央の2本の矢印が示す製品を売り、代金を得るという売買取引を成立させることである。だが、この部分だけをマーケティングというのではない。それだと単なる販売と変わらない。P&Gの事例で説明した通り、メーカーは消費者が満足する製品を提供しなければならない。あるいは、新しい顧客を創造していかなければならない。しかもほとんどの場合、そこには他のメーカーとの厳しい競争が存在する。競合メーカーも消費者の集まりである市場の獲得を目指し、日々努力しているのだ。したがって、その競争に勝つためにも、刻々と変化する市場の情報を収集したり、逆に自社の製品に関する情報やその有用性などを消費者に提供・提案したりと、情報活動が重要になってくる。

　P&Gが消費者の石鹸の使い方の実態や要望に合わせ、切込みを入れて浮かぶようにしたり、市場を調査する部署を作ったりしたこと。あるいは、部屋の臭いの元は布であるということを、広告で消費者に伝え理解してもらったことなどである。

　この情報活動を中心とした市場への対応の要点は、メーカーが市場のニーズに一

第15章　マーケティング3.0 ❖

方的に適応したりするのでも、逆にメーカーの思いを一方的に市場に押し付けたり
するのでもない。ニーズに適応したり時にはニーズを創出したりと、売買を含めて
そうした市場とのやり取り＝コミュニケーション、によって顧客を創造すること、
そしてそのために必要な仕組みを作ること、これである。マーケティングとは、市
場への「創造的適応」であるという表現が用いられたりするのも、納得してもらえ
るのではないだろうか。

　さらに、このメーカーと市場とのやり取りには、先ほども述べたように、通常そ
のメーカーとは別の思惑で行動する流通業者が間に介入する。メーカーと流通業者
の関係は、互いに協力的な側面を持つ一方で、対立する局面もある。こうした流通
業者との取引関係、ひいては連携がうまくなされなければ、製品を消費者の手元に
届けることができない。したがって、流通業者とどう取引をするかの問題もマーケ
ティングの重要な課題となる。それ以上に近年では、P&Gのコネクト・アンド・
デベロップメントのように、価値作りという点で流通業者以外の個人や他企業との
協働も視野に入れることが必要になってきている。

　まとめると、マーケティングは、主に４つの事柄にうまく対応することが大切で
ある。１つは、ニーズを中心としてどう消費者に対応するかということ。２つは、
どうライバル企業に勝つかという競争に対応すること。３つは、企業の外部者であ
る流通業者や他企業とどう良好な関係を構築するかという連携に対応することであ
る。最後にこれら３つの状況は、いうまでもなく将来にわたって不変ではなく、時
間とともに刻々と変化している。４つ目として、変化に対応することも忘れてはな
らない。

4　マーケティングの発展

　これまでみてきたように、マーケティングは消費財メーカーにおいて、１つの製
品をどのような総合的な仕組みで売っていくのか、というところからスタートした。
その後、現実の企業の様々な試行錯誤の結果、マーケティングが扱う内容や考え方
そのものも大きく変わってきた。その変化をマーケティングの発展と呼ぶことにし
て、２つの方向からそれを整理しておこう。

第15章

203

❖ 第3部　競争・共生のデザイン

❖ マーケティング領域の拡大

　まず発展の方向の1つは、マーケティングが扱う領域、すなわちマーケティングをする対象が広がってきた。1970年代以降、企業は多角化によって事業を拡げていった。電機メーカーであれば、テレビ、冷蔵庫、洗濯機、音響機器、パソコンといった具合だ。そうしたそれぞれの製品や事業を個々にみるのではなく、企業全体としてどのような事業群を構成し、全体として市場にどう適応すればよいのか。ヒト、モノ、カネ、情報という経営資源をそれら事業群にどのように配分すれば一番効果的かつ効率的なのか、ということが重要な課題となってきた。そこで登場したのが「戦略的マーケティング」という考え方だ。

　また、それより少し前、1960、70年代に公害問題や製品の安全・安心への関心の高まりから生まれた消費者運動を背景として、多く売る一辺倒ではなく、企業の社会的責任が重視されるようになった。それに加え、学校、病院、自治体といった非営利組織や、禁煙キャンペーンのような社会問題を解決する活動へのマーケティング技法の応用が検討されるようになった。これら営利企業という狭い範囲にとどまらず、社会という視点が組み込まれたマーケティングのことを、「ソーシャル・マーケティング」という。ソーシャル・マーケティングの考え方は、一時期当初ほど盛んに強調されなくなったが、近年では、地球温暖化をはじめとする環境問題が高まったり、法令遵守など企業の社会性が改めて強調されたりして、再び注目を集めている。「社会的責任（コーズ・リレーテッド）マーケティング）」と呼ばれるそれらに対応した新しい形のマーケティングが、現在模索されている。P&Gの「コールドウォーター・チャレンジ」キャンペーンも、自然環境に配慮した洗濯をサポートする洗剤のマーケティングである。

　この他にも、部品や原材料を対象とした「生産（産業）財マーケティング」や、ホテルや飲食などのサービス財を扱う「サービス・マーケティング」が登場した。あるいは、世界的な事業展開の問題を考える「グローバル・マーケティング」。情報通信技術の進展とともにSNSを活用した「デジタルマーケティング（ITマーケティング）」など、それぞれの時代の変化を取り込みながら、次々と新しいマーケティングの形が生み出されている。

204

第15章　マーケティング3.0 ❖

❖ マーケティング3.0

　もう１つの方向は、マーケティングそのものをどう捉えるかという、マーケティングに対する考え方の変化である。その移り変わりを、フィリップ・コトラー（以下、コトラー）たちは時の経過に合わせ、マーケティングの1.0、2.0、3.0と表現した。それは、コラム15-１で示すようなマーケティングの定義の変化にも表れている。

　次の表15-１は、本章の問題意識に基づき、彼らの主張のうち特に重要と思われる点を抜き出したものである。「マーケティング1.0」は、製品に対する需要を生み出すという、あくまでも考えの中心は製品であった。製品を開発しそれをマーケティングの４Pの手法で多くの消費者に販売する仕組みで、1950年ごろに確立されたマーケティングである。

　その後、70年代の石油ショック、景気の沈滞、同じような商品同士の競争という環境変化から、新たな考え方（コンセプト）の必要性が生まれた。それが、製品から消費者を中心に据えてマーケティングを組み立てる「マーケティング2.0」であった。セグメンテーション、ターゲティング、ポジショニングという言葉の頭文字を取って、よくSTPと表現される考え方である。すなわち、対象となる消費者

【表15-１　マーケティング1.0、2.0、3.0の比較】

	マーケティング1.0	マーケティング2.0	マーケティング3.0
	製品中心の マーケティング	消費者志向の マーケティング	価値主導の マーケティング
目　的	製品を販売すること	消費者を満足させ、つなぎとめること	世界をよりよい場所にすること
可能にした力	産業革命	情報技術	ニューウェーブの技術
主なマーケティング・コンセプト	製品開発	差別化	価値
消費者との交流	１対多数の取引	１対１の関係	多数対多数の協働

出所：フィリップ・コトラー他（2010）、19頁の表を一部抜粋

第15章

❖ 第3部　競争・共生のデザイン

コラム15−1

マーケティングの定義の変遷

　本文で指摘したマーケティングの変化は、決してコトラーたちだけが主張しているのではない。それは、マーケティングの研究者や実務家たちの団体であるアメリカ・マーケティング協会（通称AMA）によるマーケティングの定義の変遷からも明らかである。

［1］1948年/1960年（制定年/再認年）
　「マーケティングとは、生産者から消費者あるいは使用者に向けて、製品およびサービスの流れを方向づけるビジネス活動の実行である。」
［2］1985年
　「マーケティングとは、個人や組織の目標を達成する交換を創造するために、アイディア、製品、サービスの概念形成、価格づけ、プロモーション、流通を計画し実行するプロセスである。」
［3］2004年
　「マーケティングとは、顧客に対して価値を創造、伝達、提供したり、組織とその関係者に利益をもたらす方法で顧客との関係を管理したりする組織的な働きと一連のプロセスである。」
［4］2007年/2013年
　「マーケティングとは、顧客、依頼主、パートナー、そして社会全体にとって価値あるモノを創造、伝達、届け（流通）、交換するための活動や仕組み（制度）、プロセスである。」（以上、筆者訳）

　それぞれの定義を、「誰が」、「誰に」、「何を」、「どうする」という視点からみると、その違いがわかりやすいだろう。詳しくは皆さんご自身で整理していただきたい（→考えてみよう1）。売ることに関わるビジネス活動とみなされていたマーケティングが、個人・組織一般の価値の交換活動となり、顧客との関係管理を重視するようになったり、社会全体を意識するようになったりと、その内容の広がり＝発展を感じてもらえるはずである。

層を絞り込み、他社との違い＝差別化を強調し、消費者により満足を与えることによって、顧客を獲得する手法である。そして、獲得した顧客をいかにつなぎとめるかということに重点が置かれるようになった。そのための重要な鍵が「ブランド」である。皆さんにも、深くつながっている（何回も繰り返し買っている）好みの製

第15章　マーケティング3.0

品があるではないだろうか。

　やがてこうした考えは、主に80年代から90年代にかけて、マーケティングとは「顧客との関係を構築し、それをうまく運営していくことだ」という「関係性（リレーションシップ）マーケティング」へと展開していった。さらに、顧客との関わり方も、一緒になって製品を共同開発したりするケースも生まれ始めた。

　この関係構築というマーケティングの考え方は、これからも有効であるに違いない。しかし、2000年代からニューウェーブの技術―ブログ、Twitter、Facebook、LineといったSNSやソーシャルメディアの進展によって、消費者と企業との関係のあり様が変化してきた。それまでは、消費者との関係の構築、コミュニケーションといっても、消費者はあくまでも製品の提供を受ける側であり、1対1、あるいは縦の関係ともいうべき受け身的な側面は否めなかった。

　しかし、ソーシャルメディアによって、企業と消費者による製品の共同開発というレベル以上に、より対等にあるいはより頻繁に、時にはより深くつながるということが可能となってきた。さらには、消費者同士がつながるという横の関係とでもいうべき、多数対多数の関係、まさに参加・協働の時代を迎えつつある。例えば、皆さんが購入した商品を何気なくSNSで紹介したら、それを見た現実の世界では一度も会ったことすらない人が、その製品を買ったりするような状況である。

　P&Gのコネクト・アンド・デベロップメントという新しい価値を生み出すイノベーションの仕組みは、必ずしも消費者だけとのつながりを想定したものではないが、企業が外部とつながることで、価値作りに向けての協働・共創を目指すものだ。

　コトラーたちは、このような時代に対応するマーケティングを「マーケティング3.0」と呼び、これからは、単に製品の機能やブランド以上に消費者の精神を感動、共感させるような価値が求められるようになるだろうと予想している。

5　おわりに

　マーケティングが生まれてきた過去から現在までを振り返りながら、マーケティングの考え方の変わらぬ部分（基本的構図）と変わったところをみてきた。本章をまとめると、次のようになる。

　第1に、マーケティングは厳しい競争下での消費財メーカーの市場における「売るという問題」から生まれたということ。特に巨大設備等に投入した資金の回収と

❖ 第3部　競争・共生のデザイン

コラム15－2

マーケティングと学問分野

　マーケティングを考える学問分野を、通常「マーケティング論」という。その特徴は、市場、競争、取引という企業の外部にその視線が向けられていることである。同じ経営学分野の経営管理論が主に企業内の現象に着目しているのと大きな違いだ。企業の外部とのやり取りは、相手があることから思いが簡単に実現するわけではない。しかし、こうした状況の下で何をどうすればよいのか、ここにマーケティングを考える面白さがある。

　そして、マーケティング論には関連が強い、いいかえれば一緒に学べばより理解が深まる学問分野（科目）がある。その主なものを紹介しておこう。

　マーケティングを考える時まず重要となるのは、消費者の動向やそのニーズをつかむことである。「消費者行動論」という学問は、消費者が製品を買うまでにはどのような心理の変化があるのか、消費者の満足とはどのような要因とそれらの関わりから生まれてくるのかといったメカニズムを考察している。そこでは、心理学や社会学の成果を用いたり、実際に消費者に対して調査や実験を行ったりして、その問題を明らかにしようとしている。

　それと関連する「マーケティングリサーチ論」という分野は、消費者ニーズを中心とする市場情報の収集方法についての研究をまとめたものである。マーケティング・リサーチ論では具体的調査技法などが明らかにされ、実務にとっても大いに参考になる。

　さらに、本文中でも指摘しているように、消費財メーカーはその製品を卸売業者や小売業者といった流通業者の仲介によって販売している。この流通業者の行動原理や流通の構造などを論じる「流通（システム）論」は、当然マーケティングと深いつながりを持っている。以上、併せて勉強していただければありがたい。

いう点で、顧客創造を目的とするマーケティングには経営上重要な役割が課せられている。

　第2に、その問題を解決するためにマーケティングが目指すべきことは、消費者のニーズに適応したり、ニーズを創出したりするという、企業（メーカー）と市場とのやり取り＝コミュニケーションであるということである。その核心は「顧客との関係を構築し、それをうまく運営していくこと」である。そのためには、消費者への対応、競争への対応、連携への対応、そしてそれらの変化への対応が必要であ

る。

　第3に、しかもそのやり取り＝コミュニケーションのあり方は変化してきており、価値作りをめぐって、消費者や他企業などとの協働や共創といういわば横のつながりという面が重要になってきている。

(http://www.sekigakusha.com/md/md15.html)

索　引

■ 人名・企業名・製品名 ■

Ban 汗ブロックロールオン ·············· 84
Facebook ···················· 111
four square ················· 68
GAP ························ 138
Google ······················ 111
H&M ························ 53
IBM ························ 11
iPhone ······················ 118
mt ······················ 32・34
mt CASA ···················· 36
NIKE ························ 72
P&G ····· 13・199・200・201・202・204・207
UNIQLO GINZA ·············· 36
UNIQLOCK ················ 80・81
UT×mt ···················· 38
ZARA ························ 53
アイボリー ···················· 199
アサヒ ···················· 45・46
アップル ······················ 118
アマゾン（Amazon）············· 68
アメリカ・マーケティング協会 ········ 208
アンバサダー ············ 62・66・67
石井淳蔵 ··········· 11・190・191・192
伊藤園 ··········· 168・171・172
ウォルマート（Walmart）········· 68
ウコンの力 ···················· 114
内山田竹志 ············ 183・184・185
江崎グリコ ···················· 20
外部ネットワーク ················ 110
花王 ·······168・170・171・172・173・178
カゴメ ·········· 154・155・156・157・158・159・160・161・162・163・164
カモ井加工紙 ···················· 32
カルビー ········· 53・55・128・129・131・132・133・137・139・140

ガンホー・オンライン・エンターテイメント ···················· 103
キットカット ···················· 18
キットメール ················ 24・28
きのこの山 ···················· 26
ギャツビー ····· 142・144・145・147・148
キリン ························ 45
金鶴香水株式会社 ················ 143
グランカルビー ················ 53
グリコ ···················· 25・53
コールドウォーター・チャレンジ ··· 13・200・204
コカ・コーラ ···················· 11
ゴディバ ······················ 25
ザ・プレミアム・モルツ　マスターズドリーム ···················· 49
佐川幸三郎 ···················· 173
サッポロ ······················ 45
佐藤可士和 ···················· 81
サントリー ················ 44・172
嶋口充輝 ······················ 109
受験生応援キャンペーン ·········· 23・29
受験生応援パッケージ ·············· 18
シルキードライ ················ 73
スーパードライ ················ 46
スクウェア・エニックス ············ 105
スターバックス ············ 11・59
スマホゲーム ······· 103・104・105・107・112
住友3M ························ 33
セオドア・レビット ·············· 7
瀬戸内レモン ······· 154・156・158・159・160・161・162・164
瀬戸内レモン協定 ·········· 156・157・159
セブン-イレブン ············ 59・68
ゼロックス ···················· 11
ソニー ························ 111
孫子 ························ 169

❖ 索　引

ダイソン ……………………………… 44
タイド ……………………………… 13
高岡浩三 …………………………… 19
丹頂チック ………………………… 143
デービッド A. アーカー …………… 149
電通 ………………………………… 77
東レ ………………………………… 32
トッポ ……………………………… 26
ドトール …………………………… 59
トヨタ環境フォーラム …………… 186
トヨタ自動車 ……… 107・182・185・186・
　187・188・189・190・191・192・
　194
トリンドル玲奈 …………………… 88
ニチバン …………………………… 33
日東電工 …………………………… 33
日本マーケティング協会 ………… 19
日本郵政 ……………………… 24・28
ニューコーク ……………………… 11
任天堂 ………… 102・103・105・110・111
ネスカフェ ………………………… 62
ネスカフェ アンバサダー ……… 19・62
ネスカフェ ゴールドブレンド ……… 62
ネスカフェ 香味焙煎 …………… 62
ネスカフェドルチェ グスト ……… 67
ネスカフェ　バリスタ …………… 62
ネスレスペシャル.T ……………… 67
ネスレ日本 …………………… 19・58
ハウス食品 ………………………… 114
パズドラ …… 103・104・105・107・110・
　112
バトンドール ……………………… 53
バリスタ …………………………… 66
ピーター・ドラッカー …………… 4・7
ヒートテック ……………… 7・32・72
廣田章光 …………………………… 87
ファーストリテイリング ……… 72・81
ファミコン …… 102・105・107・110・112
フィリップ・コトラー ………… 202・205・
　206・217

フォン・ヒッペル ………………… 40
ブラトップ ………………………… 73
プリウス …… 182・183・186・187・188・
　189・190・191・192・194
プレミアムビール ………………… 47
プレミアムモルツ ……………… 44・45
ヘルシア緑茶 …… 168・170・171・172・
　174・175・178
ポッキー …………………………… 26
ポテトチップス …… 55・128・129・131・
　135・137・138・139
マーク・ペンダグラスト ………… 12
マイケル E. ポーター ……………… 193
マクドナルド ……………………… 59
マンダム …… 142・143・144・145・148
宮地雅典 ……………… 155・156・161
明神実枝 …………………………… 13
明治 …………………………… 20・36
メイシーズ（Macy's）……………… 68
モンドセレクション ……………… 48
野菜生活 …………………………… 159
野菜生活100　瀬戸内レモン　ミックス
　………………………………… 158
野菜生活100　リフレッシュ　瀬戸内レ
　モン＆　ホワイトグレープ ……… 158
柳井正 ……………………………… 81
ヤフーニュース …………………… 120
ユニクロ ………………… 7・32・72
ユニマット ………………………… 61
ライオン ………………………… 84・88
レイチェル・ボッツマン ………… 124
ローソン …………………………… 59
ロッテ ……………………………… 20
和田充夫 …………………………… 109

■ 数字・アルファベット ■

020 ………………………………… 68
1次データ ……………………… 90・91
2次データ ……………………… 90・91
2段階建値 ………………………… 51

索　引

３Ｄプリンタ ……………………… 42	オブザベーション ……………… 91
４Ｐ ………………… 25・175・176	オフライン ……………………… 68
４分の１インチのドリル ………… 8	オムニチャネル ………………… 68
AIDMAモデル …………………… 77	折り込みチラシ ………………… 81
AISASモデル …………………… 77	オンライン ……………………… 68
CRM ……………………… 109・110	
CSR ……………………… 157・193	■か■
CSV ……………………………… 193	階層効果 ………………………… 77
mt ex展 …………………………… 41	外的参照価格 …………………… 51
mtらしさ ………………………… 41	外部資源 ………………………… 42
On To Off ………………………… 81	外部ネットワーク ……………… 110
One to Oneマーケティング ……… 110	外部要因 ………………………… 52
OOHメディア …………………… 79	価格（price） …………………… 26
POSデータ ………… 91・92・136	価格遵守 ………………………… 50
SBU ……………………… 178・179	価格の価値提案機能 …………… 52
SNS ……………………………… 80	価格の設定方法 ………………… 54
SPA ……………………… 81・138	学習プロセス …………………… 42
STP ………… 27・37・176・205	過剰在庫 ………………………… 55
WOT分析 ………………………… 174	仮説 ………………………… 93・95
	価値 ………………………… 13・38
■あ■	価値共創 …………………… 39・40
アウトソーシング ……………… 42	価値実現 ………………………… 39
アンケート ……………………… 84	価値創造 ………………………… 39
威光価格 …………………… 51・54	間隔尺度 ………………………… 93
一体感パワー …………………… 63	関係性パラダイム ……… 106・107・108
一般消費者 ……………………… 34	慣習価格法 ……………………… 54
イノベーション ………………… 7	キーパーソン分析 ……………… 163
インスタントコーヒー ………… 59	企業の社会責任 ………………… 193
インターネット ………………… 80	機能的価値 … 19・23・24・25・29・33・
インターネットメディア ……… 80	38
インタビュー …………………… 84	ギフト市場 ……………………… 48
ウォンツ …………………… 7・9	希望小売価格 …………………… 50
運転資金 ………………………… 135	規模の経済 ………… 132・133・138
営業のノルマ …………………… 55	キャラクター …………………… 74
エクイティ ……………………… 150	境界連結者 ……………………… 162
エコカー …………… 186・187・188	強制解決 ………………………… 63
延期的 ………… 133・136・137・138	競争価格法 ……………………… 54
延期的な在庫管理 ……… 136・139	競争志向型設定 ………………… 54
演劇消費 ………………………… 109	共創者 …………………………… 39
オープン価格 ………… 50・51・55	競争戦略 …………………… 172・174

213

❖ 索　引

共通価値の創造 ……………………… 193
協働 …………………………………… 125
協働消費 ……………………………… 124
クーポン ……………………………… 80
クラウド・ファンディング ………… 126
グループインタビュー ……………… 86
グローバル・マーケティング ……… 204
グローバルブランド ………………… 72
クロス・マーチャンダイジング …… 59
経営資源 ……………………………… 27
経営理念 ………………………… 19・172
計画の経済性 ………………………… 133
経験価値 ……………………………… 146
経験効果 ……………………………… 133
経済的価値 …………………………… 193
顕在ニーズ ……………………… 29・91
検証的調査 ……………………… 90・94
交換パラダイム ………………… 106・107
広告効果 ……………………………… 77
工場稼働率 …………………………… 131
行動動線 ……………………………… 117
購買意図 ……………………………… 77
購買意図の段階 ……………………… 79
購買行動 ……………………………… 28
コーヒービジネス …………………… 58
コーヒー粉末 ………………………… 61
コーヒーマシン ……………………… 19
顧客創造 …………………… 6・15・23
顧客創造型アプローチ ……………… 21
顧客の問題解決 ……………………… 66
顧客満足 …………………………… 6・23
顧客満足型アプローチ ……………… 21
コスト志向型設定 …………………… 54
コストの制約 ………………………… 27
コネクト・アンド・デベロップメント
　　　　　　　　　　　　　 200・202
コピー ………………………………… 80
コミュニケーション ……… 52・55・72
コミュニケーション効果 ……… 76・77
コミュニケーション段階 …… 74・79・80

コミュニケーションの混乱 ………… 63
コミュニケーションの双方向性 …… 80
コミュニケーション目標 …………… 76
コミュニティサイト ………………… 126
コモデティティ化 …………………… 74
コラボ消費 …………………………… 124
コラボレーション …… 28・29・41・81・
　　155
コンセプト ……………………… 36・87
コンセプトテスト …………………… 94
コンビニエンスストア ……………… 32

■ さ ■

サービス・マーケティング ………… 204
在庫管理 ………………………… 131・136
在庫のマネジメント ……… 128・131・136
最小生産単位 ………………………… 34
再販価格 ……………………………… 50
サプライチェーン …………………… 68
産業用テープ ………………………… 39
参考価格 ……………………………… 51
サンプリング ………………………… 116
シェアリング・エコノミー ………… 124
シェルフテスト ……………………… 94
事業の定義 …………………………… 10
事業の柱 ……………………………… 35
資源アプローチ ……………………… 170
事実認識の不一致 …………………… 63
市場細分化 …………………………… 27
市場調査 ……………………………… 84
実勢価格法 …………………………… 54
社会共生 …… 182・185・190・192・194
社会的課題 …… 190・191・192・193・194
社会的価値 …………………………… 193
社会的責任（コーズ・リレーテッド）
　　マーケティング ………………… 204
社会的プレステージ ………………… 52
社会的便益 …………………………… 193
尺度 …………………………………… 93
社内SNS ……………………………… 148

214

索　引

終売 ···················· 135	鮮度管理 ·············· 130・131・139
酒税法 ···················· 45	戦略的マーケティング ··········· 178・204
出荷価格 ·············· 50・51	創造的適応 ·············· 9・202
需要志向型設定 ·············· 54	ソーシャル・マーケティング ········· 204
需要の価格弾力性 ·············· 56	ソーシャルグラフ ·············· 123
順序尺度 ···················· 93	ソーシャルメディア ··· 32・35・68・81
使用テスト ···················· 94	ゾーンセールス制 ·············· 130
使用行動 ···················· 34	「双方向」のコミュニケーション ····· 122
情緒的価値 ···· 23・24・25・29・34・38	ソリューション ·············· 40

■た■

消費財 ···················· 32	ターゲット ···················· 38
消費者行動論 ·············· 208	ターゲット顧客 ···················· 18
消費者視点 ···················· 81	ターゲティング ···················· 27
消費の二極化 ···················· 51	第3のビール ···················· 45
商品開発5原則 ·············· 173	態度 ···················· 77
情報カード制度 ·············· 148	ダイレクトチャネル ·············· 58・69
情報の粘着性 ···················· 40	対話 ···················· 125
情報や専門パワー ···················· 63	多品種小ロット生産 ···················· 39
ショールーミング ···················· 81	多頻度小口物流 ···················· 55
食育 ···················· 157	探索的調査 ·············· 89・94
衰退期 ···················· 37	地域事業部制 ·············· 130
スイッチング障壁 ·············· 111	チャネルのコンフリクト ···················· 63
ステークホルダー ···················· 42	チャネル開拓 ···················· 34
ストレスからの解放 ···················· 22	チャネル管理 ···················· 67
スナック菓子 ···················· 55	チャネル構築 ···················· 58
スマートフォン ···················· 80	陳腐化 ···················· 49
制裁パワー ···················· 63	ツールキット（道具箱） ···················· 40
生産（産業）財マーケティング ········· 204	つなぐ力 ·············· 161・162・174
成熟期 ···················· 37	提案型営業 ···················· 161
製造原価率 ···················· 131	低価格のビール類 ···················· 44
成長期 ···················· 37	低価格戦略 ···················· 53
成長戦略 ·············· 172・174	定性的調査 ···················· 91
正当性パワー ···················· 63	定量的調査 ···················· 91
製品（product） ···················· 25	手書きPOP ···················· 159
製品価値 ···················· 39	適正価格 ···················· 28
製品ライフサイクル ·············· 37・52	デジタルマーケティング ·············· 204
セールストーク ···················· 164	テレビコマーシャル（テレビCM）
セグメンテーション ···················· 27	·············· 48・49・78
潜在的買い手 ···················· 37	店舗ディスプレイ ···················· 36
潜在的価値 ···················· 19	
潜在ニーズ ·············· 21・30・91	

215

❖ 索　引

投機的 ································ 133・137・139
投機的な在庫管理 ·················· 137・139
当店通常価格 ······························· 51
導入期 ····································· 37
独占禁止法 ································· 50
特定保健用食品（トクホ） ················ 175
特売情報 ··································· 79
特別価格 ··································· 56

■ な ■

内的参照価格 ························· 51・55
内部資源 ··································· 42
ニーズ ······························· 5・6・7
認知度 ································· 77・78
ネガティブ ································· 75
値崩れ ····································· 49
値ごろ価格 ································· 55
熱狂的なファン ····························· 33
ネットメディア ···························· 119
ネットワーク ······························· 42
ネットワーク理論 ·························· 162
ノベルティ ································· 79

■ は ■

ハイブリッドシステム ····················· 185
ハイブリッド車 ······ 183・186・188・191
ハイボール ································· 72
端数価格法 ································· 54
パッケージテスト ······················ 88・94
発泡酒 ····································· 45
バナー広告 ································· 80
パレートの法則 ···························· 121
ハレの場 ··································· 47
ハレの日 ··································· 49
パワー行使 ································· 63
販売価格 ·································· 131
販売情報 ······························ 130・136
ビール ····································· 45
非強制解決 ································· 63
ビジネスモデル ····························· 81

ビッグデータ ······························ 125
比率（比例）尺度 ··························· 93
ピンポイント ······························ 123
ファストファッション ·················· 53・138
ファッション ······························· 75
フェイスペーパー ·························· 147
付加価値 ··································· 47
不公正な取引方法 ··························· 50
プッシュ戦略 ·················· 176・177・179
プラットフォーム ·············· 110・111・124
ブランド ······························ 36・148
ブランド・アイデンティティ ················ 149
ブランド・エクイティ ················ 149・150
ブランドイメージ ········ 28・74・75・157
ブランド拡張 ····························· 151
ブランド効果 ······························· 77
ブランド力 ································ 156
ブランド力の低下 ··························· 55
ブランド連想 ····························· 150
ブランドロイヤルティ ······················· 53
フリーミアム ······························ 111
フリーライド ······························· 42
不良在庫 ·································· 135
プル戦略 ···················· 176・177・179
プレミアム ································· 25
プレミアム価格 ························ 44・48
プレミアム感 ······························· 28
プレミアム商品 ····························· 28
プレミアム戦略 ····························· 53
プレミアムビール ··························· 47
プレミアムビール市場 ······················· 44
ブログ ····································· 35
プロモーション ····························· 28
ベネフィット ························· 85・87
報酬パワー ································· 63
ポジショニング ····························· 27
保有資源の差 ······························· 63

■ ま ■

マーケター ·································· 4

216

索　引

マーケティング・デザイン …………… 14
マーケティング・ミックス ……… 8・18・
　25・29・38・44・46・52・56
マーケティング1.0 ……………………… 205
マーケティング2.0 ……………………… 205
マーケティング3.0 ………… 198・205・208
マーケティング機能要素戦略 ·· 175・177
マーケティング近視眼 ……………… 7・8
マーケティングの革新 ………………… 7
マーケティングの定義の変遷 ……… 206
マーケティングの発展 ………………… 209
マーケティング発想 ……………… 4・15
マーケティング発想法 ………………… 7
マーケティング・マネジメント ……… 106
マーケティング・マネジメント戦略
　……………… 175・176・177・178
マーケティングリサーチ …… 84・89・96
マーケティングリサーチ論 ………… 208
マーケティング論 ……………………… 208
マスキングテープ ……………………… 32
マスキングテープファン ……………… 36
マス広告 ………………………………… 29
名義尺度 ………………………………… 93
メーカー希望小売価格 ………………… 50
メディア ………………………………… 74
メディアミックス ……………………… 82

目標・権限責任（役割）の不一致 …… 63

■ や ■

ユーザーイノベーション ……………… 40
ユーザーとの対話 ………………… 36・41
ユーザー知識 …………………………… 41
用途 ……………………………………… 38

■ ら ■

ライフスタイル ………………………… 19
リアル店舗 ……………………………… 68
リーディングアイテム ………………… 148
リードユーザー ………………………… 40
利益保証 ………………………………… 51
理解度 …………………………………… 78
リベート …………………………… 50・63
リポジショニング ……………………… 37
流通（システム）論 …………………… 208
流通チャネル …………………………… 58
留保価格 ………………………………… 56
レギュラーコーヒー …………………… 59
レギュラーソリュブルコーヒー ……… 60
ロイヤルティ …………………………… 52
ロボット的適応 ………………………… 9
ロングセラーブランド ………………… 148
ロングテール …………………………… 121

217

■編著者紹介

石井　淳蔵（いしい　じゅんぞう）

神戸大学名誉教授　流通科学大学名誉教授（商学博士）。

1975年　神戸大学大学院経営学研究科博士課程修了。

同志社大学教授、神戸大学大学院経営学研究科教授、流通科学大学学長、中内学園流通科学研究所所長を歴任。

著書に、『マーケティングの神話』（岩波現代文庫）『ブランド 価値の創造』（岩波新書）、『商人家族と市場社会』（有斐閣）などがある。

廣田　章光（ひろた　あきみつ）

近畿大学経営学部商学科教授（商学博士）。

1999年　神戸大学大学院経営学研究科博士課程修了。

専攻は、マーケティング論、製品イノベーション論、デザイン思考。

著書に、『1からのマーケティング（第4版）』（共編著、碩学舎）『1からの商品企画』（共編著、碩学舎）『中小企業マーケティングの構図』（共編著、同文舘出版）『大塚正富のヒット塾 ゼロを100に』（共著，日本経済新聞出版社）『デジタル社会のマーケティング』（共編著、中央経済社）などがある。

坂田　隆文（さかた　たかふみ）

中京大学総合政策学部教授（商学博士）。日本マーケティング学会理事。

2003年　神戸大学大学院経営学研究科博士課程修了。

専攻は、マーケティング論、流通論。

著書に、「市場創造のための商品企画プロセス」（『100万社のマーケティング』第3号、宣伝会議）、『1からのリテール・マネジメント』（共編著、碩学舎）、『小売企業の国際展開』（共著、中央経済社）などがある。

執筆者紹介 （担当章順）

石井　淳蔵（いしい　じゅんぞう）……………………………………第1章
神戸大学名誉教授　流通科学大学名誉教授

島永　嵩子（しまなが　たかこ）………………………………………第2章
神戸学院大学　経営学部　准教授

吉田　満梨（よしだ　まり）……………………………………………第3章
立命館大学　経営学部　准教授

滝本　優枝（たきもと　まさえ）………………………………………第4章
近畿大学　経営学部　准教授

大驛　　潤（おおえき　じゅん）………………………………………第5章
東京理科大学　経営学部　教授

岸谷　和広（きしや　かずひろ）………………………………………第6章
関西大学　商学部　教授

山本　奈央（やまもと　なお）…………………………………………第7章
名古屋市立大学大学院　経済学研究科　准教授

水越　康介（みずこし　こうすけ）……………………………………第8章
首都大学東京　社会科学研究科　准教授

廣田　章光（ひろた　あきみつ）………………………………………第9章
近畿大学　経営学部　教授

日高優一郎（ひだか　ゆういちろう）…………………………………第10章
岡山大学大学院　社会文化科学研究科　准教授

後藤こず恵（ごとう　こずえ）…………………………………………第11章
流通科学大学　商学部　准教授

細井　謙一（ほそい　けんいち）………………………………………第12章
広島経済大学　経営学部　教授

坂田　隆文（さかた　たかふみ）………………………………………第13章
中京大学　総合政策学部　教授

明神　実枝（みょうじん　みえ）………………………………………第14章
中村学園大学　流通科学部　准教授

三好　　宏（みよし　ひろし）…………………………………………第15章
岡山商科大学　経営学部　教授

1からのマーケティング・デザイン

2016年10月 1 日　第 1 版第 1 刷発行
2020年 1 月30日　第 1 版第17刷発行

編著者　石井淳蔵・廣田章光・坂田隆文
発行者　石井淳蔵
発行所　㈱碩学舎
　　　　〒101-0052 東京都千代田区神田小川町2-1 木村ビル 10F
　　　　TEL 0120-778-079　FAX 03-5577-4624
　　　　E-mail info@sekigakusha.com
　　　　URL http://www.sekigakusha.com
発売元　㈱中央経済グループパブリッシング
　　　　〒101-0051 東京都千代田区神田神保町1-31-2
　　　　TEL 03-3293-3381　FAX 03-3291-4437
印　刷　三英印刷㈱
製　本　㈲井上製本所
Ⓒ 2016　Printed in Japan

＊落丁、乱丁本は、送料発売元負担にてお取り替えいたします。
ISBN978-4-502-20021-2　C3034

JCOPY 〈出版者著作権管理機構委託出版物〉本書を無断で複写複製（コピー）する
ことは、著作権法上の例外を除き、禁じられています。本書をコピーされる場合は
事前に出版者著作権管理機構（JCOPY）の許諾を受けてください。
　JCOPY 〈http://www.jcopy.or.jp　e メール：info@jcopy.or.jp〉

楽しく読めて基本が身につく好評テキストシリーズ！

1からの 流通論
石原武政・竹村正明〔編著〕
■A5判・384頁

1からの マーケティング 第3版
石川淳蔵・廣田章光〔編著〕
■A5判・304頁

1からの 戦略論 第2版
嶋口充輝・内田和成・黒岩健一郎〔編著〕
■A5判・296頁

1からの 会計
谷　武幸・桜井久勝〔編著〕
■A5判・248頁

1からの 観光
高橋一夫・大津正和・吉田順一〔編著〕
■A5判・268頁

1からの サービス経営
佐藤宗彦・髙室裕史〔編著〕
■A5判・266頁

1からの 経済学
中村　武・中村　保〔編著〕
■A5判・268頁

1からの マーケティング分析
恩藏直人・冨田健司〔編著〕
■A5判296頁

1からの 商品企画
西川英彦・廣田章光〔編著〕
■A5判・292頁

1からの 経営学 第2版
加護野忠男・吉村典久〔編著〕
■A5判　・320頁

1からの ファイナンス
榊原茂樹・岡田克彦〔編著〕
■A5判・304頁

1からの リテール・マネジメント
清水信年・坂田隆文〔編著〕
■A5判・288頁

1からの 病院経営
木村憲洋・的場匡亮・川上智子〔編著〕
■A5判・328頁

1からの 経営史
宮本又郎・岡部桂史・平野恭平〔編著〕
■A5判・344頁

1からの 消費者行動
松井　剛・西川英彦〔編著〕
■A5判　・282頁

1からの 観光事業論
高橋一夫・柏木千春〔編著〕
■A5判・296頁

発行所：碩学舎　　発売元：中央経済社